KB144160

돈에 대한 사고방식 바꾸기

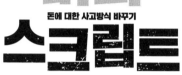

머니

돈에 대한 사고방식 바꾸기

스크립트

Brad Klontz, Ted Klontz, Rick Kahler 지음
양세정, 주인숙, 이은화 옮김

Wired for Wealth

Σ 시그마프레스

머니스크립트

발행일 | 2016년 7월 15일 1쇄 발행

저자 | Brad Klontz, Ted Klontz, Rick Kahler
역자 | 양세정, 주인숙, 이은화
발행인 | 강학경
발행처 | (주)시그마프레스
디자인 | 강영주, 김경임
편집 | 류미숙

등록번호 | 제10-2642호
주소 | 서울특별시 영등포구 양평로 22길 21 선유도코오롱디지털타워 A401~403호
전자우편 | sigma@spress.co.kr
홈페이지 | http://www.sigmapress.co.kr
전화 | (02)323-4845, (02)2062-5184~8
팩스 | (02)323-4197

ISBN | 978-89-6866-420-5

Wired for Wealth

＊ 책값은 책 뒤표지에 있습니다.

이 도서의 국립중앙도서관 출판예정도서목록(CIP)은 서지정보유통지원시스템 홈페이지
(http://seoji.nl.go.kr)와 국가자료공동목록시스템(http://www.nl.go.kr/kolisnet)에서 이용
하실 수 있습니다.(CIP제어번호: CIP 2016016365)

개인의 금전문제를 다루면서 느끼는 최종적인 벽
은 왜 그들은 그런 잘못된 행동을 할까 하는 것입니다. 왜 그렇게 계획
없이 소비하는지, 때로는 충분히 가졌음에도 왜 그리 궁색하게 생활하
는지, 버는 것에 비해 왜 그리 모으지를 못하는지, 열심히 모은 자산을
왜 그리 허무하게 잃게 되는지. 여유가 있는 사람은 있는 대로, 부족한
사람은 부족한 대로 금전문제를 고민하고, 가족 간에 다투고 불신하는
주요 원인이 됩니다.

　개인의 삶의 질에서 경제적 문제가 차지하는 비중은 높습니다. 사람
들은 많은 돈을 벌고 효율적으로 사용하고 또 모으기를 원하며, 모은 자
산을 잘 관리하고 늘리기를 원합니다. 하지만 사람들은 다양한 금전문
제에 봉착하고, 괴로워합니다. 경제학 교과서들에서 서술하고 있듯이
사람들이 합리적으로만 행동하지 않는다는 것은 이미 다들 알고 있는
사실입니다. 특히 문제가 있는 금전 행위의 경우 더욱 그러합니다.

　그에 대한 해답을 이 책에서 찾아보려 했습니다. 유학을 마치고 돌아
온 학생이 내민 이 책을 보자마자 그 자리에서 번역하기로 마음먹었습
니다. 금전문제의 원인을 심리적인 부분에서 찾고, 이를 수정할 방법을

제시해 준다고 적혀 있었기 때문입니다.

금전문제란 복합적인 문제이며 상황이 계속 변화하는 동태적 문제인 만큼 이 책은 사람들이 지닌 다양한 금전적인 문제에 대해 가장 현실적인 접근과 대안을 제시하고 있습니다. 저자들의 재무설계상담을 해온 오랜 경험과 심리학의 결합은 재무문제의 원인을 찾고 이를 해결하는 데 독보적인 공과를 보여줍니다. 특히 금전적으로 문제행동이 있고, 이로 인해 재정적 어려움을 겪고 있다면 이 책을 통해 큰 도움을 받게 될 것입니다.

앞으로 우리나라의 상황과 문화를 고려한 형태의 머니스크립트와 이 책에서 논의된 각종 툴(tool)이 개발된다면 더 유용한 자료가 될 것이란 생각입니다. 또한 머니스크립트의 발생 원인을 찾을 수 있는 연구들이 더 진행되기를 기대해 봅니다. 머니스크립트의 재정립은 머니스크립트의 발생 근원을 이해할 때 실현성이 높아질 것이고, 좋은 머니스크립트를 사전에 생성하도록 하는 것이 문제 발생을 미리 방지할 수 있을 것입니다.

역시나 번역은 많은 인내력이 요구되는 작업이었습니다. 개인의 금전문제를 이해하고 개선하는 데 도움이 되기를 바랍니다.

어떻게 하면 부자가 될 수 있을까?

부자가 된 사람들이 사용했던 방법을 살펴봄으로써 많은 것을 배울 수 있을 테지만, 정작 부자가 된 사람은 자신의 어떤 행위가 이런 성공으로 이끌었는지 명확히 알지 못한다. 그들은 그저 오랜 시간 일을 했고, 계속 새로운 시도를 했으며, 포기하지 않았고, 그래서 크게 성공했다. 사람들은 저마다 서로 다르기 때문에 다른 사람의 성공 방법을 그대로 따라 하기란 매우 어렵다.

부를 이루는 방법을 공식으로 만들 수는 없겠지만, 부유한 사람들이 그렇지 않은 사람과 다르게 생각하고 행동하는 것은 사실인 것 같다. 그리고 실제로, 부(wealth)와 연관되어 있는 돈에 관한 신념과 행동 패턴이 있고, 가난과 연관된 패턴이 있다. 이 패턴이란 '돈에 관한 사고방식', 즉 돈에 대해 생각하는 방식과 이에 따른 행동을 의미한다.

다행스러운 것은 돈에 관한 사고방식을 바꿀 수 있다는 것이다. 돈에 관한 생각의 패턴이 금전적 파괴 행위, 재정적 어려움, 가난과 연관되어 있다면, 이러한 패턴을 '부'와 연관된 것으로 바꾸면 된다. 출발점이 어디인지, 현재 당신의 금전적 상황이 어떠한지와 상관없이, 부를 이루는 방식으로 당신의 생각을 바꿀 수 있다. 이 책은 그 방법을 소개한다.

돈에 관한 사고방식을 바꾸는 일은 간단하지 않다. 이는 심리적 원리와 연구에 근거하여 성공을 가로막는 정신적·감정적 장애물을 찾아내고, 이를 변화시키는 과정이다. 이 과정은 당신이 돈을 버는 것을 돕고, 나아가 진정한 부를 성취하는 데 도움이 될 것이다. 충분한 돈을 갖는다는 것은 진정한 부를 얻는 기본적인 상황이다. 많은 연구 결과에서 보여주듯이 돈과 물질만으로는 순간적인 행복만을 얻을 뿐이다. 가족을 잘 부양하고, 자신에게 중요한 것을 살 수 있으며 이를 지속할 수 있는 재무적 안전을 확보하는 것은 중요하다. 이 책에서 소개할 조언과 훈련은 당신이 부자가 되는 것을 가로막는 여러 장애를 제거하는 데 도움이 될 것이다.

금전적 부를 성취하고, 이를 잘 사용하는 능력을 기르는 것은 중요하다. 금전적 성공은 돈에 관한 사고방식의 변화를 통해서 얻을 수 있다. 금전에 관한 사고방식의 변화는 당신이 기존에 가지고 있는 부를 더 잘 누릴 수 있게 해줄 것이다. 금전적 성공의 잠재력을 가로막는 돈에 관한 생각을 바꾼다면, 보다 현명한 금전적 선택, 돈과 관련한 균형 잡힌 삶, 발전된 인간관계와 재정적 안락을 얻을 수 있을 것이다. 돈에 관한 사고방식을 바꿈으로써 우리의 삶은 훨씬 더 좋은 방향으로 변화될 수 있다. 이는 돈에 대한 스트레스가 믿을 수 없을 정도로 우리의 삶에 큰 영향을 주기 때문이다. 돈이 스트레스의 근본적 원인이 될 때 스트레스는 우리 삶의 모든 면에 영향을 준다. 최근의 연구에 의하면 돈과 관련한 스트레스는 정신뿐 아니라 육체적 건강에도 지대한 영향을 준다고 한다. 2008

년 6월 Associated Press[1]가 시행한 여론 조사를 보면 돈과 관련된 스트레스는 건강에 영향을 미치는 중요한 요인임을 보여준다. 돈 때문에 걱정이 있는 사람들은 편두통, 위궤양, 불안 및 심각한 우울증 증상을 보고하였다. 우리의 재정 상태에 영향을 주는 다양한 외적 요인(예 : 실직, 경기침체, IT 버블 붕괴, 금융 위기 등)들을 우리 스스로 통제하기는 어렵지만, 그러한 상황에서 자신의 생각과 행동을 통제하는 것은 가능하다. 그동안의 경험에 견주어 볼 때 이러한 내적 요인은 궁극적인 성공을 결정하는 매우 중요한 요인이다. 현재 상태에서 해야 할 일을 받아들이는 것, 그리고 그러한 역할이 있다는 사실을 인정하는 것은 똑같은 실수를 반복하지 않는 첫걸음이다. 이 책에 나온 툴을 이용하여 여러분은 자신에게 유익하지 않은 돈에 관한 신념을 알아보고 그것을 바꾸는 방법을 배울 수 있을 것이다. 당신은 자신의 신념을 재정립하는 법을 배움으로써 금전적 성공을 얻고 돈에 관한 스트레스를 줄일 수 있다.

이 책은 실제 경험과 연구를 통해 나온 결과이다. 우리는 개인 재무 및 부를 다루는 데 있어 심리학을 적용한 선구자라 할 수 있다. Brad Klontz 박사는 임상심리학자겸 심리치료사이며 연구자이다. Ted Klontz 박사는 35년 경력의 심리치료사이며 상담사이다. Rick Kahler는 25년 동안 국제공인재무설계사(CFP)로 일했다. 우리는 매일 고객을 상대하면서, 그들이 부를 이루고, 행동을 변화시키며, 보다 성취하는 삶을 만들어 가는 데에 도움을 주는 일을 수십 년째 해오고 있다.

최근에 부각되는 신경경제학은 심리학과 재무관리를 융합한 분야로, 사람들이 흔히 범하는 정신적 오류를 찾아내는 실험 연구에 주력해 왔

---

[1] 역주 : Associated Press(AP)는 1848년 설립된 세계 최대의 통신사로 미국 뉴욕에 본사 위치

다. 그리고 이 연구 결과는 사람들이 보다 현명한 투자 결정을 하는 데 자주 이용된다. Jason Zweig는 그의 유명한 저서인 당신의 돈과 마인드 (*Your Money and Your Mind*)에서 전문가의 시각으로 검토한 바 있다.

이 책은 투자에 대한 조언이나 심리적 수단 그 이상의 내용을 담고 있다. 우리의 목표는 여러분과 돈의 관계를 획기적으로 변화시켜, 당신의 금전적인 목표를 달성토록 하는 친절한 동반자가 되는 것이다. 우리는 투자자들에게 흔히 있는 심리적 오류를 검토하기보다는 우리가 검증한 훈련 기법을 이용하여 개인이 저마다 가지고 있는 돈에 관한 사고방식을 찾아내고, 변화시키는 기회를 제공하고자 한다. 우리는 그동안 고객 중에서 부유한 사람과 그렇지 않은 사람의 돈에 대한 신념과 행동에 대해 리서치를 하였다. 우리의 목표는 이들의 생각이 서로 어떻게 다른가를 알아내는 것이었다. 그리고 우리는 신념과 부 사이의 명확한 연관 관계를 발견하였고 놀라운 연구 결과도 얻을 수 있었다.

재무 교육, 긍정적 사고, 긍정적 시각화는 모두 가치가 있지만, 이러한 것들은 우리의 두뇌를 부를 향해 재정립하는 시작에 불과하다. 대부분의 사람들은 아는 것만으로는 행동을 변화시키기에 충분하지 않다. 예컨대 우리는 미래를 위해 저축해야 하고 버는 것보다 더 많이 지출해서는 안 된다는 것을 안다. 그렇지만 최근 몇 년 동안 미국인들은 개인 부채를 확대시켜 왔고, 저축은 매우 적었다. 우리는 잘 알고 있으나 알고 있는 것을 실천하지 않는다.

알고 있는 것을 실천으로 옮기는 데는 많은 장벽이 따른다. 이 장벽에 대항하지 않고서는 변화가 일어나지 않는다. 장벽은 자기 스스로를 제한하는 말과 신념, 더 나아가 사회적·가정적·심리적 문제로 구성된다. 이러한 문제를 다루기 위해 우리는 변화 프로세스를 개발하였는데,

이는 재무설계와 재무심리학 분야가 합쳐진 융합적인 접근으로 사람들이 금전 스트레스를 줄이고 재정건전성을 늘리는 데 도움을 주기 위한 것이다.

이 과정은 두 분야의 전문성을 융합시킴으로써 일반재무 관련 조언들과 차이가 있다. 우리의 변화 프로세스는 단순히 이론에 그치지 않는다. 우리는 수많은 고객의 성공적 변화를 지켜보았고, 이 책에는 이들 중 일부의 이야기가 소개되어 있다. 우리는 돈에 관한 '변화 프로세스' 프로그램을 마친 후 사람들이 실제로 변화되었는지에 관해 과학적 연구를 수행하였다. 이 연구는 2004년에서 2006년 사이에 시행되었으며, 돈에 관한 신념과 행동의 변화를 다룬 최초의 연구가 되었다.

이 연구에서는 이 책에서 소개되는 것과 유사한 프로세스를 통해 돈에 관한 사고방식을 재정립하는 과정을 통해 재무치료에 참여한 사람들을 평가하였는데, 이 프로세스에서는 돈에 대한 신념을 규명하고, 재무적 패턴을 조사하며, 돈과 관련한 과거의 경험을 알아내고, 돈에 대한 신념을 변경하는 것을 포함한다.

이들의 긍정적 변화는 획기적이고도 지속적이었다. 돈에 관한 걱정이 줄었으며, 재무적 · 심리적 건전성이 전반적으로 개선되었다. 이 연구는 미국심리학회(American Psychological Association, APA)의 저널인 *Psychological Services*의 2008년 8월 호에 게재된 바 있다.

우리의 최근 연구는 2008년 5월에서 7월 사이에 수행한 돈에 관한 신념 및 재무 행동에 대한 것이다. 우리는 모든 계층을 포함한 422명의 신념과 행동을 조사했다. 연구 결과에 의하면 부유한 사람과 경제적으로 어려운 사람 사이에 커다란 차이가 있었다. 아울러 남성과 여성, 젊은이와 노인 간의 신념 및 행동에서도 몇 가지 중대한 차이가 발견되었다.

이 책 전반에 걸쳐 우리는 부유한 사람과 가난한 사람의 사고방식을 분석할 것이고, 돈에 관한 사고방식을 획기적으로 바꾸는 방법들을 가르칠 것이다. 실제 고객의 실례를 이용하여 해로운 재무 패턴을 규명하는 한편, 재정건전성을 개선할 수 있는 도구를 제공할 것이다.

계속 읽어 나가기 전에, 제1장의 첫머리에 나오는 돈에 관한 신념에 대한 자가 테스트를 권장한다. 여러분의 답을 살펴보면 자신의 돈에 관한 생각이 부유한 사람의 생각에 가까운지 또는 그렇지 않은 사람의 생각에 가까운지 알 수 있을 것이다. 우리의 연구 결과에서 나타나듯 성공한 사람과 그렇지 못한 사람은 돈에 관한 생각에서 차이가 있다. 당신의 돈에 대한 생각과 신념은 재정건전성, 부와 성공을 달성할 가능성에 지대한 영향을 미친다. 우리는 돈에 관한 당신의 신념이 어떻게 형성되었는지를 보여줄 것이고, 여러분이 어떻게 자신의 돈에 대한 신념을 변화시키고 새로운 패턴을 형성할 수 있는지를 안내할 것이다. 이러한 과정은 당신의 삶에 진정한 부와 풍요로움을 가져다줄 것이다.

1

머니스크립트의
과학과 심리

Wired

for

Wealth

잠시 아래의 체크리스트를 완성해 보아라. 나열된 항목들은 '머니스크립트', 즉 돈에 대한 신념을 적은 것들이다. 책의 후반에서 여러분의 답을 우리의 연구 결과와 비교할 기회를 갖게 될 것이다. 당신의 답은 자신의 부(wealth)에 관한 가능성을 보여준다.

아래의 각 항목에 대해 당신이 동의하거나 동의하지 않는 정도에 부합하는 □에 V표시를 하라.

⟶ 머니스크립트 질문지 ⟵

	매우 동의	동의	약간 동의	약간 동의 안 함	동의 안 함	매우 동의 안 함
1. 어려운 때를 위해 돈을 저축하는 게 중요하다.	□	□	□	□	□	□
2. 다른 사람에게 돈을 베푸는 것은 마땅히 해야 할 일이다.	□	□	□	□	□	□
3. 돈이 있으면 자유로울 수 있다.	□	□	□	□	□	□

	매우 동의	동의	약간 동의	약간 동의 안 함	동의 안 함	매우 동의 안 함
4. 충분한 돈을 벌려면 열심히 일해야 한다.	☐	☐	☐	☐	☐	☐
5. 나는 돈을 가질 자격이 있다.	☐	☐	☐	☐	☐	☐
6. 나의 가치는 내가 가진 순자산의 크기와 같다.	☐	☐	☐	☐	☐	☐
7. 돈과 관련된 사항만큼은 배우자에게 비밀로 해도 괜찮다.	☐	☐	☐	☐	☐	☐
8. 돈이 많으면 나는 더 행복해질 것이다.	☐	☐	☐	☐	☐	☐
9. 다른 사람이 나보다 더 적은 돈을 가지고 있다면 나는 많은 돈을 가질 자격이 없다.	☐	☐	☐	☐	☐	☐
10. 살면서 내가 정말로 원하는 것들을 살 수 있는 날은 절대 오지 않을 것이다.	☐	☐	☐	☐	☐	☐
11. 돈이 더 많아지면 내 상황이 더 좋아질 것이다.	☐	☐	☐	☐	☐	☐
12. 당신이 좋은 사람이라면 당신의 재정문제는 저절로 해결될 것이다.	☐	☐	☐	☐	☐	☐
13. 돈이 돈을 번다.	☐	☐	☐	☐	☐	☐
14. 내가 원하는 것을 얻기 위해 돈을 빌려야 한다면 그렇게 할 것이다.	☐	☐	☐	☐	☐	☐
15. 돈에 관한 한 타인을 믿으면 안 된다.	☐	☐	☐	☐	☐	☐

이제 자신의 돈에 관한 신념을 어느 정도 알게 되었으므로, 머니스크립트(money script)의 개념을 살펴보도록 하자.

나탈리(Natalie)는 '나는 돈을 잘 다루지 못해!'라고 생각한다. 나탈리는 월세와 공과금, 자동차 할부금을 자주 연체하였다. 직불카드를 주로 사용했는데 계좌에 돈이 얼마나 있는지를 모르기 때문에 거의 매월 초과 인출 수수료를 내야 했다. 옷장 서랍 하나에는 각종 청구서가 뜯지도 않은 채 쌓여 있다.

간호조무사인 나탈리는 편안한 삶을 살기에 충분한 수준의 소득을 벌고 있지만 금전적으로 늘 힘들어한다. 최근에는 자동차가 압류되었다. 1년간 주차위반 과태료를 납부하지 않았기 때문이다. 부모님에게 주차위반 티켓, 압류 수수료, 차를 돌려받는 데 필요한 돈을 대신 내달라고 부탁하기가 정말 불편했다. 내야 할 돈을 모두 합치면 거의 자신의 차 값과 맞먹는 금액이었다. 부모님은 그녀의 어리석음을 꾸짖는 4장짜리 장문의 편지와 함께 돈을 보내주었다. 게다가 법원에 출두하여 판사의 훈계도 들어야 했다. 직후 곧장 쇼핑몰에 가서 신발 2켤레를 샀다. 쇼핑을 하면서 기분전환을 했다.

우리 중에는 나탈리처럼 돈을 잘 관리하지 못하는 사람들이 많다. 미국인의 부채는 어마어마하다. 모든 선진국 가운데 최악이다. 소득이 적어서가 아니다. 미국은 세계적으로 1인당 소득이 가장 높은 나라 중 하나이다. 그럼에도 불구하고 2005년 평균 저축률이 마이너스 0.5%로(대공황 이후 가장 낮은 수치) 평균적인 미국인은 번 것보다 더 많은 돈을 쓰는 것으로 나타났다. 퍼듀대학교의 샤론 드바니(Sharon DeVaney)와

---

² 역주 : 머니스크립트는 일반적으로 어릴 때부터 부모나 친척 또는 문화 따위로부터 영향을 받게 된 돈에 대해 반복적으로 듣던 이야기를 말한다.

소피아 크램바(Sophia Chiremba)가 2005년 연구한 결과에 의하면 응답자 가운데 19%가 소득보다 더 많이 지출했고, 베이비 붐 세대의 56%가 소득을 전부 사용하거나 또는 그보다 많이 지출한 것으로 나타났다.

미국인 가운데 재정 형편이 좋지 않은 사람은 많다. 그러나 재정건전성의 기본은 사실 매우 단순하다. 소득보다 적게 쓰고, 미래를 위해 남는 돈을 저축하는 것이다. 솔직히 분수에 맞게 생활하고, 어려운 시기에 대비해 저축하고 은퇴 관련 자금에 투자해야 한다는 것을 모르는 사람은 별로 없다. 나탈리와 같은 사람은 예산 계획을 짜야 하고 재정 상태에 더욱 관심을 가져야 하며 더 적게 쓰고 더 많이 저축해야 한다.

돈을 보다 현명하게 관리하기 위해 무엇을 해야 하는지 알고 있지만 정작 행동하는 사람은 적다. 왜일까? 나탈리는 똑똑한 여성이다. 그녀는 돈과 관련된 값비싼 실수를 경험하고도 왜 돈에 대해 책임 있게 행동하지 않는 것일까? 파괴적인 금전적 선택을 멈춰야 함을 알고 있으면서도 이를 계속 되풀이하는 것은 이해하기 어렵다.

이런 잘못된 행동을 왜 하게 되는지를 이해한다면 잘못된 행동이 반복되는 현상에 대해 납득이 가능해진다. 돈과 관련된 모든 결정은 돈에 관한 우리의 신념에 근거한다. 이러한 신념을 **머니스크립트**(money script)라고 한다.

머니스크립트는 돈에 대해 가지는 생각, 신념, 태도이다. 돈과 관련된 것들은 무의식 속에 깊숙이 감추어진 경우가 많다. 새로운 신경경제학(neuroeconomics) 분야는 심리학과 경제학을 융합하여 이러한 생각 및 감정 패턴이 금전적 결정에 어떠한 영향을 주는지를 설명한다.

산타클라라대학교의 허쉬 셰프린(Hersh Shefrin)과 마이어 스테이트만(Meir Statman)이 *Journal of Finance*(1985)에 발표한 연구에 의하면 사람들은 주식 투자를 합리적으로 하지 않는 것으로 나타났다. 이 연구에 의하면 사람들은 상승하는 주식을 너무 일찍 팔고, 하락하는 주식을 너무 오래 갖고 있는 경향이 있다. 합리적 원칙에 따라 주식 매매를 하는 사람은 소수에 불과했다. 일반적으로 사람들은 하락하는 주식을 팔지 않음으로써 실망의 감정을 피하려 하고, 상승하는 주식을 팔아버림으로써 뿌듯함을 느끼고자 한다.

유사한 연구들에 따르면, 사람들은 투자 결정에 영향을 주는 정서상의 문제들과 의사결정상의 오류로 인해 고통을 느낀다. 심리학자와 재무코치(financial coaches)들에 의하면 우리의 두뇌가 돈과 관련된 개인적 경험에 기초하여 특정한 방식으로 생각하도록 배선되어(wired) 있다고 한다.

머니스크립트는 직접적 또는 간접적으로 돈과 관련한 모든 의사결정에 영향을 미친다. 머니스크립트는 어린 시절에 형성되고 삶의 경험을 통해 지속적으로 발달되고 구체화된다. 돈에 대한 '진실(그것이 무엇인지, 무엇을 할 수 있는지, 어떻게 작용하는지)'을 믿고 있다는 것조차 인식하지 못한다. 우리는 돈에 대해 이야기하는 것은 점잖지 못하다고 배웠다. 그러므로 이 믿음을 끌어안고서는 새로운 것에 대해 폐쇄적이 된다. 인지하고 있든 그렇지 않든, 머니스크립트는 돈과 우리의 관계를 정의하고 모든 금전적 행동의 근저에 자리한다.

⟶ 머니스크립트는 어디에서 나오는가 ⟵

어린 시절 우리는 주변에서 받은 메시지를 내면화하고, 세상을 이해하기 위해 이 정보를 사용한다. 우리는 부모와 내 인생에 중요한 사람들,

외부 환경, 그리고 사회로부터 명시적 또는 암묵적으로 메시지를 받는다. 아이들이 영양가 있는 음식을 부모로부터 얻는 것과 마찬가지로 아이들은 세상에 대한 각종 정보와 메시지를 어른들에게서 얻는다. 이러한 메시지 중 많은 것이 돈에 관한 것이다.

머니스크립트는 일부 권위 있는 사람들의 말을 통해서, 또는 직접 전달된 신념에서 비롯되는 경우가 많다. 예컨대 집안일을 하면 용돈을 주기도 하고, 용돈의 일부를 저축하라고도 한다. 그들은 "돈으로 행복을 살 순 없어.", "부자하고 사랑에 빠지는 건 가난한 사람과 사랑에 빠지는 것만큼이나 쉬워.", "돈은 나무에서 자라는 것이 아니야.", "교육에 돈을 써라, 배움은 빼앗길 일이 없으니까!"와 같은 말을 아이들에게 한다. 때로는 아이들은 엄마와 아빠가 다른 사람에게 이런 류의 말을 하는 것을 우연히 듣기도 한다.

그런가 하면 간접적인 머니스크립트도 있다. 다른 사람의 말을 듣거나 행동을 관찰하거나, 대중매체에서 부자와 가난한 사람이 어떤 대우를 받고 어떻게 묘사되는지를 보거나, 또는 부모의 돈에 관한 생각, 느낌, 행동을 흡수하면서 신념을 내면화하기도 한다. 예컨대 돈 걱정이 많은 부모를 둔 아이는 자라서 돈에 대해 불안이나 공포를 느낄 수 있다. 부자를 부러워하거나 자신의 처지를 한탄하는 부모를 둔 아이는 "부자가 되는 게 인생에서 가장 중요해.", "부자들은 천박해.", 또는 "가난은 다른 사람들 때문이야!"와 같은 머니스크립트를 발달시킬 수 있다. 이러한 신념이 형성되고 수정되지 않는다면, 이에 노출된 아동은 어른이 되어 똑같은 메시지를 자신의 아이들에게 무의식적으로 전달할 것이다. 아이들은 제각각 돈에 관한 메시지를 흡수하기 때문에 주어진 자신의 상황에서 배우는 머니스크립트는 제각각 다양할 수 있다. 한 가족 안에서 자란 두 아이라도 돈에 대한 신념에서는 상이할 수 있다.

뿌리 깊게 자리 잡은 머니스크립트는 정서적 또는 충격적 경험을 안겨준 환경이나 사건에서 비롯된다. 사건에서 돈의 실제 역할은 돈에 관련된 어떤 것들보다 덜 중요하다. 우리의 뇌는 특정한 충격 상황에서 돈이 갖고 있는 중요한 역할을 번번이 잘못 해석할 수도 있다. 우리 두뇌 속에서의 돈과 고통 간의 연계는 추가적인 정서적 상처를 막기 위한 무의식적 행동으로 이어질 수 있다.

예컨대 부유하지만 정서적 고통이 있는 가정에서 자란 아이는 돈을 문제의 원인으로 결부시켜 생각하곤 한다. 실제로 돈이 가족문제의 원인이 아니지만 그렇게 보일 수 있다(예 : 이혼, 학대, 알코올중독). 돈에 관한 무의식적인 부정적 연상은 깊게 자리 잡은 머니스크립트를 낳을 수 있고, 누군가는 부유함을 일부러 피하는 삶을 선택하게 된다. 반대로 정서적 고통이 있는 빈곤한 가정에서 자란 아이는 이 고통을 돈의 결핍과 결부시킬 수 있다. 아이는 돈이 사랑과 유대와 기쁨을 가져올 것이라고 믿으면서 인간관계나 건강, 정서적 발달을 기꺼이 희생하고 돈을 추구하는 '일중독'에 빠질 수 있다.

돈에 관한 대표적인 트라우마가 있다. 부모가 사업 실패로 파산하는 것, 집을 빼앗기는 것, 돈을 둘러싼 가족의 심한 갈등, 부모가 횡령으로 구속되는 것 등이다. 때로는 이런 사건들이 대단치 않아 보이지만, 아이가 이에 강한 감정을 결부시킴으로써 깊이 뿌리박힌 머니스크립트를 쌓기도 한다. 예를 들어 감당할 형편이 안 되는 어떤 것을 아이가 원했을 때 부모가 아이가 수치심을 느끼는 방식으로 거절했다고 하자. 아이는 미래에 이런 수치스러운 경험을 회피하기 위해 '무언가를 원하는 것은 잘못이야!'라는 머니스크립트를 형성할 수 있다. 이는 자신과 가족의 안락함과 즐거움을 불필요할 정도로 거부하는 삶으로 이어질 수 있다.

우리의 머니스크립트는 부모의 돈에 관한 가르침과 행동의 복사본이다. 따라서 좋든 나쁘든 부모가 만든 것과 똑같은 금전적 상황을 만들 가능성이 크다. 예컨대 가난하게 자란 아이는 '내가 무엇을 하더라도 나는 가난할 거야.'라는 머니스크립트를 형성할 수 있다. 방치되는 경우 이러한 신념은 성취가 빈약한 삶으로 이어질 수 있다. 그는 부를 형성할 기회를 흘려보내고 경제적 실패를 받아들이게 된다. 한편 부유한 가정에서 자란 아이는 '나는 부자가 될 거야.'라는 머니스크립트를 갖고서 부를 집요하게 추구할 수 있다. 좌절을 경험할 때에는 이를 떨쳐 버리고 도리어 배움의 기회라고 생각할 것이다. 그리고 부유함이 자신의 태생적 권리라고 믿는다. 성인이 되면 이 두 아이는 자신의 운명이라고 믿는 것을 무의식적으로 만들고, 주변 사람들은 이러한 신념에 동참하게 될 것이다.

그러나 부모의 행동에 대한 반작용으로 부모와 정반대의 머니스크립트를 형성하는 경우도 많다. 부모의 행동에 강한 감정이 포함되어 있다면 도리어 상반되면서 파괴적인 신념을 채택할 수 있다. 일중독 아버지를 둔 찰리(Charlie)는 아직도 아버지와 나눈 시간이 부족했던 삶에 대한 상처를 가지고 있고, "돈을 추구하는 것은 나쁘다(내가 어떤 대가를 치렀는지 보라!)."라는 결론을 내렸다. 이 머니스크립트는 그에게 일하는 것을 회피하게 만들었고, 찰리와 그의 가족은 가난 속에서 성취가 부족한 삶을 살아가고 있다.

생활보호대상자 홀어머니를 두고 있는 셸리(Shelly)는 '돈은 삶에서 가장 중요하다.'고 결론 내렸고 돈 버는 능력을 최대화하도록 자신의 삶을 만들어 나갔다. 셸리는 일을 너무 많이 했고, 자신의 아이들과는 시간을 거의 보내지 못했다. 셀리처럼 부를 얻고 늘리는 데 기여하는 머니스크립트를 채택함으로써 부모 세대의 가난함에서 벗어난 사람에 대한 일화는 수없이 많다. 하지만 이들이 후에 가족 관계에서 문제가 생겨 그 대가를 치르는 경우를 흔히 보게 된다.

강한 정서적 경험에서 비롯된 머니스크립트는 깊고 근원적인 수준에서 형성됨으로써 그 사람이 가진 세계관의 일부가 된다. 예측 불가능한 세계에서의 생존을 위해 발달되는 이러한 신념들은 믿을 수 없을 만큼 강력하고 무의식적이다.

이 장의 첫 부분에서 소개한 나탈리는 '나는 돈을 잘 다루지 못해!'라는 머니스크립트가 있었고, 이는 어렸을 때 형성된 것이었다. 엄마는 간호사였고 아버지는 대형 법률회사의 경리 담당이었다. 아버지는 가족의 '재정 담당자'로서 청구서의 대금을 지불했고 금전 관련 의사결정을 하였다. 나탈리가 돈에 관해 들은 대화라고는 아버지가 예산을 제대로 지키지 않았다며 엄마를 야단치는 게 전부였다.

나탈리와 여동생은 용돈을 받는 나이가 되자 자신의 지출 내역을 아빠에게 매주 보고해야 했다. 딸들의 지출 내역이 마음에 들지 않으면 아빠는 다음 주에 용돈을 주지 않겠다고 말했다. 하지만 주말쯤이면 항상 누그러져서 다시 용돈을 주었고, 이때마다 설교를 빼놓지 않았다. 나탈리는 자신의 지출에 대해 거짓말을 하면서 설교를 피하는 법을 배워 나갔다. 그리고 급할 때는 엄마한테 가면 된다는 것도 알게 되었다. 엄마는 아빠 몰래 용돈을 주곤 했다. 나탈리는 "나는 너무 어리석어서 돈 관리를 못하겠어.", "돈 문제는 남자들의 영역이야.", "부모님은 항상 꾸중을 하지만 결국 돈을 주실 거야.", "돈은 다른 사람을 조정할 수 있지."와 같은 머니스크립트를 갖게 되었다. 이러한 신념은 내면화되었고, 나탈리의 경제적 삶은 진리처럼 이 스크립트를 중심으로 이루어졌다. 나탈리의 성장 환경을 보면 그녀에게 내재된 머니스크립트는 전적으로 이해가 된다. 그러나 머니스크립트가 자각되지 않는다면 그녀가 재정건전성을 향상시킬 기회는 계속 제한될 것이다.

⸜ 머니스크립트가 반드시 옳은 것은 아니다 ⸝

머니스크립트가 반드시 옳은 것만은 아니다. 머니스크립트는 편향되고, 과장되며, 불완전하다. 이들은 전후 상황에 의해 크게 좌우되곤 한다. 어떤 상황에서는 사실이지만 다른 상황에서는 사실이 아니기도 하다.

 "돈으로 행복을 살 수는 없다."라는 머니스크립트를 예로 들어 보자. 경제적 풍요로움이 만족스럽고 충만한 삶을 항상 보장하지는 않는다. 따라서 일반적으로 돈으로 행복을 살 수 없음은 분명한 사실이다. 하지만 이 머니스크립트가 어떤 상황에서는 맞지 않는다. 너무 가난해서 기본적인 생계조차 힘들다면 이는 고통스럽고 불행한 삶일 것이다. 연구에 따르면 이러한 상황에서의 돈은 행복의 수준을 높이는 것으로 나타났다.

 일반적으로 머니스크립트는 이를 만들어 냈던 원래 상황과 동일한 경우라면 진실이다. 예컨대 나탈리의 머니스크립트인 "부모님은 항상 꾸중을 하지만 결국 돈을 주실 거야."는 부모님이 살아 계시고, 그들이 나탈리를 도울 만큼 경제적으로 여유가 있으며, 그녀의 경제적 곤란을 구제해 줄 용의가 있는 한 맞는 신념이다. 그러나 주차위반 딱지 사건 이후 부모님이 이제는 나탈리가 책임지는 자세를 배울 때가 되었다고 결론 내렸다고 가정해 보자. 이제 나탈리가 도움을 요청하면 그들은 거절할 것이다. 어쩌면 부모님이 은퇴를 하거나 예기치 않은 의료비용이 발생하게 되어 그녀를 도울 돈이 없을 수도 있다.

부모님이 나탈리를 돕는 것을 중단하는 이유는 중요하지 않다. 문제는 부모님에게 도움 받는 것을 믿고 있었는데 부모님에게 더 이상 그럴 돈이 없다면 나탈리의 머니스크립트는 더 이상 유효하지 않다는 점이다. 하지만 이 머니스크립트는 무의식 속에 자리하므로 정확성이 떨어진 지 오랜 시간이 지나서도 이를 계속 추종할 가능성이 높다. 나탈리가 부모님께 도와달라고 애원했으나 도움을 받지 못하게 된다면 그녀는 당황할 것이며, 어쩌면 부모님과 큰 싸움을 벌일 수도 있다. 부모님은 본인들의 경제적 안전을 해쳐 가며 나탈리를 도울 수도 있다. 아니면 나탈리는 자신을 경제적으로 돌보아 줄 다른 누군가, 가령 남자 친구를 찾을지도 모른다. 무의식적으로 나탈리는 자신의 부모가 해주었던 역할을 해주는, '마스터카드 엄마' 또는 '비자카드 아빠'가 되어 줄 사람을 찾게 되는 것이다. 어찌됐든 이는 경제적으로나 정서적으로 스트레스와 고통으로 귀결될 가능성이 크다.

우리들 대부분은 여러 가지 머니스크립트를 동시에 가지고 있기 때문에 경우에 따라서는 머니스크립트끼리 충돌하기도 한다. 알렌(Allen)은 '부자는 탐욕스럽고 이기적이다.'라는 신념 속에서 자랐다. 그러면서 주변으로부터 '얼마를 버는가가 성공의 척도이다.'라는 메시지를 받아 왔다. 이러한 상충된 머니스크립트는 돈에 관한 스트레스를 초래하고 혼란을 낳을 수 있다. 상충된 머니스크립트는 많은 돈을 벌며 성공했다가도 금전적으로 파괴하는 방법을 자초하기도 하는 경제적 롤러코스터 위에 올려놓을 수 있다.

머니스크립트는 대개 무의식적이기 때문에 그것이 얼마나 진실인지 알지 못한다. 그러나 이들이 마치 진실인 것처럼 계속해서 이에 따라 행동한다. 머니스크립트가 상황에 더 이상 맞지 않거나 삶에 고통을 유발할 때조차도 맹목적으로 추종한다. 우리는 금전적 선택 뒤에 놓인 신념을 인지하지 못하기 때문에 금전적 어려움과 고통이 발생했을 때 다른 사람이나 외부 상황 탓으로 돌리고 피해의식과 무력감을 느낀다. 우리는 돈에 관해 다른 사람에게 이야기하지 않기 때문에 이러한 잘못된 믿음들을 의심할 기회조차 갖지 못한다.

2

경제적 삶을 망치는
10가지 머니스크립트

◆

Wired

for

Wealth

◆

• 제2장 •
경제적 삶을 망치는
10가지 머니스크립트

우리는 연구를 통해 경제적 스트레스에 만성적으로 시달리는 사람들이 가지는 머니스크립트 10가지를 알게 되었다. 이들 머니스크립트는 문제 있는 경제 상황, 낮아진 소득, 낮아진 자산과 연관된 것들이다. 이 머니스크립트는 방치될 경우 자기 파괴적이고, 제한적인 재무 행동을 하게 되는 원인이 될 것이다.

1. '돈이 많아지면 내 상황이 더 좋아질 것이다'

이는 미국인에게 가장 흔한 머니스크립트 중 하나일 것이다. 우리는 '더 많은 돈'이라는 목표를 임의로 설정한다. 그러면서 그렇게만 되면 평화, 행복, 삶의 의미, 안전, 그 밖에 우리가 추구하는 모든 것을 얻을 것이라 믿는다. 문제는 목표에 도달했을 때 그러한 결과가 거의 나타나지 않는다는 점이다. 그래서 마치 바로 앞에 놓인 탐스러운 당근을 잡으려는 당나귀처럼 더욱더 많은 돈을 추구하게 된다. 아무리 빨리 달려도 결코 이에 닿을 수는 없다. 몬테(Monte)는 청년 시절, 충분한 돈이 있으면 행복할 거라고 믿었다. 그는 30대에 "자산이 50만 달러가 되면 행복할 거야."라고 생각했다. 40대에 소규모 서비스업을 순조롭게 운영하고 있었는데, 이제 '행복 목표'가 100만 달러로 늘어났다. 60대 중반이 되자 은퇴를 하고 사업체를 매각했고, 200만 달러가 넘는 돈을 손에 쥐게 되었다. 한 친구가 그의 성공을 축하하자, 그는 "그래, 근데 나는 30만 달러가 더 있었으면 좋겠어. 그러면 행복할 텐데!"라고 대답했다.

이 머니스크립트는 분명 어느 정도까지는 맞다. 만약 누군가가 한정된 수입으로 빠듯하게 살아가는 경우라면 돈이 많아지면 상황이 정말 더 좋아질 것이다. 그러나 일단 니즈를 무난히 해결할 수 있는 정도가 되면 행복은 우리가 가진 돈의 크기와 무관해진다. 미국 가정을 대상으로 한 연구에 따르면 한 가정의 소득이 연간 5만 달러를 넘어서면 더 많은 돈과 행복의 증가 사이에는 상관성이 없다. 안락한 삶을 누리기에 충분한 돈이 있어도 행복하지 않다면, 이 상태에서 돈을 더 벌더라도 행복하지 않을 것이다. **시카고트리뷴**(미국 일간지)이 실시한 1987년 여론 조사에 따르면 연간 소득이 3만 달러인 사람은 연간 소득이 5만 달러가 되면 행복할 거라고 믿었고, 연간 소득이 10만 달러인 사람은 25만 달러는 되어야 자신의 니즈를 충족할 수 있다고 생각하는 것으로 나타났다.

최근에 복권에 당첨된 어떤 사람은 인터뷰 중에 1억 2,400만 달러를 갖게 된 것이 어떤 의미가 있느냐는 질문을 받자, "나는 변하지 않을 것이다. 다만 확실히 말할 수 있는 하나는 내 딸이 평생 행복할 거라는 점이다."고 대답했다. 이 머니스크립트가 바뀌지 않는다면, 이 신념 때문에 그와 그의 딸은 언젠가 상당한 고통을 경험할 수 있다.

우리의 연구에 따르면 행복해질 거라는 믿음은 돈이 많아짐에 따른 수입이나 자산의 크기와 관련이 있는 것이 아니라, 강박적 구매, 일중독,

재정문제 부정[3], 낭비, 불완전 고용 등에 영향을 받는 것으로 나타났다. 50~80대보다 20~40대들이 이 머니스크립트를 훨씬 더 지지했다.

⟿ 2. '돈은 나쁘다' ⟾

모든 머니스크립트가 그렇듯이 이 스크립트에도 여러 버전이 있다. 예 컨대 "부자들은 천박하고 탐욕스럽고 센스 없고 불행하다.", "부자들은 다른 사람을 이용해 부자가 되었다.", "돈이 집 안에 들어오면 사람이 집 밖으로 나간다." 등. 이 머니스크립트에 따라 무의식적으로 행동한 다면 경제적 발전의 가능성을 무의식적으로 피하게 될 것이다. 돈이 있음으로 해서 사악해지고 불행해진다고 믿는다면 재산을 모으는 데 어려움을 겪을 것임은 물론이거니와 지극히 당연하게 다가오는 돈을 거부하거나 없애려 할 수도 있다.

예를 들어 보자. 20대 후반인 다렌(Darren)은 시인으로서의 자신의 재 능을 이용하여 아이들이 다른 문화를 이해하는 것을 돕는 일을 하고 싶었다. 그는 오래된 미니밴에서 살며, 자비로 출판한 시집을 무상으로 나누어 주고, 무료강좌를 하고, 기부와 다른 사람의 도움에 의지하며 살아간다. 그는 거의 아무것도 갖지 않은 채 살아가는 자신의 능력과 소박함을 자랑스럽게 이야기한다. 그의 부유한 가족이 그의 프로젝트를 위해 25만 달러를 준 사실은 말하지 않는다. 가진 돈 대부분을 써버렸고, 고액을 주고 시집을 인쇄하며, 높은 임금의 홍보 담당자를 고용했다. 그는 "돈은 나의 영혼을 타락시키고 나의 시를 망가뜨린다."고 말하곤 했다.

우리의 연구 결과를 보면 젊은 세대, 특히 18~25세 연령대의 사람들

---

[3] 역주 : 재정문제 부정(financial denial) : 재정문제가 있지만 인정하지 않는 것

은 이전 세대 사람들보다 돈과 부자에 대한 시각이 훨씬 더 부정적이었다. 50세 이상의 사람들과 비교했을 때, 이들은 "사람들은 다른 사람을 이용해 부유해진다.", "부자들은 탐욕스럽다.", "돈은 모든 악의 근원이다."와 같은 생각에 동의하는 확률이 더 높았다. 이러한 신념들이 나이와 함께 변해 가는 것인지, 아니면 이 세대에 만연한 사고방식인지는 확실하지 않다. 어쨌거나 젊은 세대들이 수입과 자산이 훨씬 적음에도 불구하고 낭비와 충동적 소비가 훨씬 더 심하다는 사실은 유의할 만하다.

⤳ 3. '나는 돈을 가질 자격이 없다' ⤳

이 머니스크립트는 스스로 벌지 않았거나 자신의 것이라고 온전히 인정할 수 없는 돈, 예컨대 상속 재산, 보험금 등을 받은 사람들에게서 많이 나타난다. 또는 스스로 노력해서 돈을 축적했지만, 운이 없는 다른 사람을 생각해서 돈으로 얻을 수 있는 즐거움을 누려서는 안 된다고 믿는 사람들에서도 나타난다. 봉사 직업에 종사하는 사람들에게 흔한 머니스크립트이다. 낮은 자존심과 유관한 경우가 빈번하다. 이 신념을 가진 경우 돈이 아무리 많아도 감정적으로나 정신적으로 빈곤하다. 이 신념을 가진 사람은 자신의 능력보다 더 적은 돈을 벌고 경솔한 금전적 결정을 내리는 경향이 있다.

40대 후반의 셰리(Sherri)는 고등학교 교사이다. 10대 자녀 두 명을 둔 이혼녀로 아버지로부터 수십만 달러를 상속받았다. 주택 융자금을 갚거나 상속자금을 미래에 투자하는 대신 아이들을 데리고 크루즈 여행을 떠났고 지역 자선단체에 10만 달러를 기부했다. BMW를 구입했고, 새로운 모델이 나올 때마다 바꾸었다. 셰리는 친구에게 "아버지는 내가 돈을 관리할 수 없는 바보라고 생각했어. 무덤에서도 나를 계속 통제하려고 돈을 물려줬을 거야. 이 돈이 없어지기 전에는 나는 편안하지 않아.”라고 말하곤 했다.

⟶ 4. ‘나는 돈을 쓸 자격이 있다’ ⟵

모든 머니스크립트가 그렇듯이 이 스크립트도 부분적으로만 맞다. 우리는 자신을 위해, 우리와 가까운 사람을 위해, 그리고 더 운이 없는 사람들을 위해 돈을 쓸 수 있다고 믿는다. 이 스크립트는 필요 없는 것을 사기 위해 노후자금을 사용하거나 대출을 받으려 할 때 논리적 근거로 사용하기도 하는데, 이때 경제적 건전성을 훼손할 수 있다.

카슨(Carson)은 어렸을 때, 아버지가 잘못된 투자로 사업체, 예금, 주택 등 모든 것을 잃는 것을 보았다. 어른이 되자 카슨은 돈을 벌면 그 즉시 써버렸다. 그는 “누군가가 내 돈을 빼앗아 가기 전에 써버리는 편이 낫다.”고 믿었다.

⟶ 5. ‘나는 충분한 돈을 가지고 있지 않다’ ⟵

찰스 디킨스의 크리스마스 캐럴에 나오는 스크루지는 이 스크립트의 가장 극단적이고 고전적인 실례이다. 충분한 돈을 가지고 있지 않다고 믿는다면 우리는 결핍된 삶을 살게 되며, 끊임없이 걱정, 불안, 두려움을 경험할 수밖에 없다. 사람들과의 관계나 자신의 건강도 무시하는 일중독자들이 이 머니스크립트의 추종자일 가능성이 높다. 아마 가난하게 자란 사람들도 이에 해당될 것이다. 이 스크립트는 노력이나 야망을 불러일으키기도 하지만, 힘든 노력에 따른 혜택을 향유하지 못하게 만들 수 있다.

스티븐(Steven)과 린다(Linda)는 각각 경찰관과 병원 직원으로 검소하게 살았고 열심히 투자해 왔다. 이들은 60세에 은퇴하면서 200만 달러의 투자 자산을 보유하게 되었다. 퇴직 연금과 투자 수익으로 살아갈 계획이었고, 안락하게 살면서 원했던 여행을 하기에 충분한 수준이었다. 하지만 은퇴한 지 몇 달이 지나자 이들은 200만 달러가 주는 재무적 안전감을 잃을까 두려워하기 시작했다. 마침내 린다는 시간제 사무보조 일자리를 구했고, 스티븐은 주택 보안시스템을 판매하기 시작했다. 비로소 투자 자산에서 나오는 수익금을 쓰지 않아도 되었다. 하지만 은퇴 후 하고 싶었던 일을 하겠다는 꿈은 사라졌다.

⟶ 6. '돈은 언제나 충분하다' ⟵

이 머니스크립트는 부유한 가정에서 자란 사람들이 갖는 행동의 근간이다. 이들은 원하는 것은 뭐든지 했고 갖고 싶은 것은 뭐든지 살 수 있는 충분한 돈이 언제나 있었다. 이는 누군가로부터 항상 경제적으로 보살핌을 받아온 사람들에게도 해당된다. 부모가 "필요한 게 있으면 뭔가가 항상 나타난다."는 사고방식을 가진 경우라면 경제적 안정이 거의 또는 전혀 없는 가정에서조차 이런 스크립트는 나타날 수 있다. 이 스크립트는 우주가 우리를 언제나 지켜줄 거라는 무의식적 신뢰에 기인한다.

베리(Barry)와 그의 형은 부유한 가정에서 자랐고 고급 보트 판매점을 함께 운영했다. 지역 경제가 침체되자 사업은 실패에 직면하게 되었다. 베리는 자신의 지분을 형에게 넘기고 물러나기로 결정했다. 어려움을 극복하기 위해 사업을 개선해 보려는 어떠한 노력도 하지 않았고, 사업에 투자한 금액을 회수할 어떠한 노력도 없었으며, 위축된 고용시장에서 직업을 구할 가능성도 없었다. 그는 일상적인 청구서를 지불하는 데에도 이미 어려움을 겪고 있었다. 회계사가 무언가를 해야 한다고 조언했을 때, 베리는 "걱정하지 마. 조금 더 벌지 뭐!"라고 대답했다.

〜 7. '돈은 중요하지 않다' 〜

이 머니스크립트는 봉사 직종에 종사하거나, 창조적인 예술가, 가난이 미덕이라고 믿는 종교적 믿음을 지닌 사람들에게서 흔하다. 부(wealth)가 행복이나 사랑을 가져다주지 않는다는 믿음으로부터 파생한 머니스크립트이다. 이 믿음을 바탕으로 서투른 재정 계획, 금전문제에 대한 관심 부족, 야망의 부재, 그리고 가끔은 게으름마저 합리화된다.

조이(Joy)는 고소득을 받을 수 있는 공대 졸업생이었음에도, 50세가 되어서까지 식당 종업원으로 일하고, 저축한 돈도 없고, 오빠가 준 15년 된 차 말고는 가진 것도 없었다. 세 번 결혼하고 이혼했고, 두 번 파산 신고를 했다. 조이는 조금이라도 돈이 생길 때마다 자선사업에 사용하곤 했다. 그녀는 자신의 소명이 남을 돕는 것이며, 금전적 안전에 관심을 두는 일은 소명에 위배되는 것이라 믿었다.

〜 8. '돈은 인생에 의미를 준다' 〜

이 머니스크립트는 가난하게 자라면서 돈을 대인관계나 존경을 얻는 마법의 도구로 보는 데에서 기인한다. 이는 돈이 가장 중요한 성공의 척도라는 신념과도 연결될 수 있다. 이 머니스크립트를 가진 많은 사람들은 "돈은 인생에 의미를 주진 않아."라고 강하게 부정하곤 하는데, 이들의 행동을 조사해 보면 돈이 인생에 의미를 가져올 거라는 믿음으로부터 온 것임을 알 수 있다.

엘리엇(Eliot)은 야심과 명석함 덕분에 가난하고 학대받던 어린 시절로부터 벗어날 수 있었는데, 자신을 백만장자로 만들어 주고, 업계의 전설로 만든 사업체를 성장시키는 데 일생을 바쳤다. 하지만 60대에 이르자 금전적 성공을 향한 강한 추진력이 무서운 대가를 낳았음을 깨닫게 되었다. 그는 "나는 돈과 명예를 모두 얻었지만 친구도 없고, 자녀들은 나를 싫어한다. 돈이 있으면 평안과 사랑을 얻을 줄 알았다. 그러나 그렇지 않았다. 나는 내가 가장 원하는 게 무엇인지 모르겠다. 안다고 하더라도 이를 얻기 위해 어디서부터 시작해야 할지 모르겠다."고 말했다.

9. '돈에 관해 이야기하는 것은 점잖지 못하다'

이 스크립트는 우리 문화에서 매우 흔하다. 돈을 벌고 관리하는 것에 관한 책과 잡지, 라디오와 TV 프로그램은 넘쳐난다. 그렇지만 돈에 관한 이야기는 가장 금기시되는 주제 가운데 하나이다. 돈에 관한 비밀보다 섹스에 관한 비밀을 털어놓는 게 더 쉽다. 여러 면에서 돈이라는 주제는 (돈을 얼마나 버는지, 돈에 관한 믿음이 무엇인지, 돈을 가지고 어떻게 행동하는지) 미국인의 삶에서 가장 크고도 가장 불편한 비밀이다.

브라이아나(Bryanna)에게 이 머니스크립트는 강하게 각인되어 있다. 그녀가 8살쯤이었던 어느 날 아빠가 돈을 얼마나 버는지 엄마에게 물었다. 엄마는 그녀의 뺨을 때리면서 "돈 이야기는 다시는 꺼내지 마!"라고 야단쳤다. 그 후 브라이아나는 돈에 관해 어떤 질문도 하지 않았다. 그리고 마침내 큰 대가를 치렀다. 아버지가 그녀에게 유산을 남기며 투자 전문가에게 돈을 맡기라고 했다. 그녀는 그렇게 했고 투자 전문가에게 아무런 질문도 하지 않았다. 7년 후 이 전문가는 돈의 80%를 잃었다. 돈이 거의 남지 않았다는 소식을 들었을 때, 그제서야 그녀는 돈에 대한 질문을 하지 않은 것이 그녀를 경제적 파탄에 이르게 하였음을 깨닫게 되었다.

10. '착하게 살면 필요한 것은 무엇이든 세상이 준다'

이 믿음은 봉사 직종에서 일하거나 종교적 배경이 강한 사람들에게서 흔하다. 올바른 이유로 올바른 일을 한다면 미래는 걱정할 필요가 없다는 믿음이다. 이들의 '좋은 카르마'가 좋은 일이 일어나게 할 것이라 믿기 때문이다.

베스(Beth)는 '부를 축적해선 안 된다, 받는 것보다 주는 것이 더 신성하다, 다른 사람에게 준 것은 10배로 되돌아온다.'는 교회의 가르침을 진정으로 받아들였다. 그녀는 교회에서 사무직으로 일했고, 일반적으로 받을 수 있는 돈보다 훨씬 더 적게 받았음에도 급여의 절반가량을 교회 헌금으로 냈다. 70세가 되어 은퇴했을 때 그녀가 가진 것은 아무것도 없었다.

⌒ 돈에 대한 사고방식 바꾸기 :
자신의 머니스크립트 규명하기 ⌒

제1장의 설문지는 자신의 머니스크립트를 규명하는 첫 번째 단계이다. 우선 아래의 질문에 답해 보라. 질문을 분석한다거나 너무 깊이 생각하지 말고, 그냥 생각나는 대로 적어라.

어떤 사람들은 마더 테레사와 빌 게이츠 두 사람 모두 인류의 향상에 기여했다고 주장한다. 그 둘 중 사회에 보다 중요한 기여를 한 사람이 누구라고 생각하는가? 마더 테레사인가 빌 게이츠인가?

방에 걸어 들어가는 것을 상상해 보자. 왼쪽에는 당신과 당신이 사랑하는 사람이 누릴 수 있는 사랑과 평화가 있다. 오른쪽에는 당신과 당신이 사랑하는 사람이 쓸 수 있는 돈이 있다. 무엇을 선택할 것인가? 그 이유는?

※ 아래 문장을 완성하라.

부유한 사람이 부유해진 이유는 _____

은퇴가 의미하는 바는 _____

가난한 사람이 가난한 이유는 _____

필요한 것보다 더 많은 것을 가져도 되는 이유는 _____

섹스와 돈의 관계는 _____

신, 영혼, 종교, 돈 사이의 관계는 _____

부를 위한 정립(wired for wealth)이란 기본적으로 머니스크립트를 개조하는 작업이다. 자신의 머니스크립트를 알게 되었다면, 스스로 인지하지조차 못한 돈에 관한 신념에 따라 행동하는 무의식적이고 파괴적인 사이클을 중단시키는 첫 단계에 들어선 것이다. 당신은 어린 시절 배운 돈에 관한 무의식적이고 불완전한 진실이 아니라, 현재 상황과 니즈를 바탕으로 돈에 관한 결정을 내릴 수 있게 될 것이다.

머니스크립트는 거의 무의식적이며, 인간의 대뇌에 깊숙이 자리 잡은 감정과 돈 사이의 연계를 바탕으로 한다. 특히 스트레스를 받는 상황에서는 의식적 동의 없이 작용한다. 하지만 이들은 습득된 것이기 때문에 만약 두뇌의 이 부분을 재정립하고 다시 훈련시킨다면 원래의 것을 버리는 것이 가능해진다. 우리는 이러한 재정립을 통하여 경제적 측면에서 극적인 변화를 이끌어 낸 사례를 수없이 보아 왔다.

제1장의 설문지를 작성하고 위의 훈련을 완료했다면 아마도 당신의 머니스크립트 중 일부를 규명하기 시작했을 것이다. 이에 유의하면서 책을 계속 읽기 바란다. 당신의 대답에서 패턴을 찾아라. 이런 신념들을 가지고 있었음을 알고 있었는가? 이들은 당신의 경제적 결정에 어떤 영향을 주었는가? 어느 스크립트가 당신에게 유익하고 어느 스크립트가 당신의 경제적 잠재성을 제한한다고 생각하는가? 이후 내용에서는 성공을 제한하거나 난관을 지속시키는 머니스크립트를 더욱 명확히 이해하고 재정립하는 방법을 소개할 것이다. 돈에 관한 보다 건전한 신념을 주입함으로써 재정건전성과 풍요로움을 위한 견고한 기반을 구축할 수 있다.

3

재무 컴포트 존* :
벗어날 필요가 있는가

* 재무 컴포트 존(Financial Comfort Zone) : 재무적으로 심리적 안정(편안함과 쾌적함)을 느끼는 범위

◆

Wired

for

Wealth

◆

당신은 어떤 동네에서 자랐는가? 고급 주택가인가? 가난한 지역인가? 중산층 동네인가? 작은 시골 마을인가? 어디서 자랐든 간에 당신이 자랐던 동네 주민들 대부분은 여러 면에서 당신과 매우 비슷했을 것이다. 그러나 그중에도 몇몇 다소 다른 집들이 있었다. 동네 끝에는 조딘(Jodine)의 집이 있었다. 집앞에는 메르세데스와 캐딜락 SUV가 주차돼 있다. 조딘과 남편은 집을 증축했고 수영장도 만들었다. 길을 따라 내려가면 알레시아(Alecia)의 집이 있다. 여러 해 동안 페인트칠을 하지 않았고, 잔디는 손질하지 않으며, 10년 된 미니밴이 세워져 있다.

조딘과 알레시아의 집은 이 동네의 양 극단을 보여준다. 조딘의 가족은 메르세데스와 수영장이 있고 그 누구보다도 부유해 보이지만, 마을 북쪽에 있는 고급 빌라촌으로 이사할 만큼 부유하지는 않다. 동네 사람들은 식품점에서 이들과 종종 마주치며, 마을에 위치한 같은 레스토랑에서 식사를 하고 마을 바비큐 파티에 함께 모이기도 한다. 초라한 집에 살며 오래된 미니밴을 운전하는 알레시아는 누구보다도 가난해 보이지만, 더 가난한 동네로 이사할 만큼 가난하지는 않다. 그녀의 가족은 같은 동네 부유한 사람들의 중고물품 세일에서 옷을 사서 입기도 하지만, 아이들은 같은 학교에 다니고 함께 놀고, 이웃들과 함께 어울린다. 알레시아와 조딘은 친한 친구는 아닐 수 있지만, 서로를 알고 있고 친구나 아는 사람의 범위가 서로 겹치기도 한다.

당신의 재무 동네

우리가 물리적 동네에 살고 있는 것과 마찬가지로 우리는 특정한 재무 동네에 거주한다. 위로는 우리가 '아는' 가장 부유한 사람들이 있고 아래로는 우리가 '아는' 가장 가난한 사람들이 있다. 누군가의 수입이나 재산에 대해 이야기하는 것은 우리 사회에서 금기시되고 있기 때문에 다른 사람들이 얼마나 부유한지, 가난한지 정확히 알 수는 없다. 우리는 사람들의 생활방식을 보고 그들이 나보다 잘 사는지 못 사는지 판단한다. 즉, 그들이 타고 다니는 차, 입는 옷, 가사 도우미가 있는지 여부, 그들의 교육 수준, 직업, 그리고 휴가 때 캠핑을 가는지 아니면 지중해 크루즈 여행을 가는지를 보고 판단하는 것이다.

특정 재무 동네 안에서는 아래와 같은 돈에 대한 태도, 신념, 정의 들이 매우 유사하다.

- 부모
- 경제적으로 부유하고 가난하다는 것의 정의
- 저축, 투자, 예산 수립, 미래에 대한 계획 간의 상대적 중요성과 우선순위
- 자선 행위

- 다른 사람들(가족, 친구, 이웃, 낯선 사람)에 대한 경제적 의무
- 재무적 우선순위 : 무엇이 더 중요하고 무엇이 덜 중요한가
- 재무적 책임의 의미
- 돈이 어떻게 움직이는가 : 소득, 지출, 저축, 대출
- 부모, 형제, 자녀, 조부모, 이웃, 교회 신자, 시민으로서의 적절한 재무 역할
- 부채
- 재산 상속 및 증여 계획
- 재정적으로 어려운 친구나 가족에 대한 지원
- 돈과 정부 간의 관계
- 돈과 종교와의 관계
- 돈과 행복과의 관계

한 재무 동네 안에서도 각자의 환경에 따라 다양한 신념이 있을 수 있다. 그러나 대체로 같은 동네에 속한 사람의 머니스크립트는 비슷할 것이며, 살아가면서 유사한 재무 행동을 할 것이다. 당신이 속한 재무 동네의 경계는 당신의 머니스크립트에 의해 설정된다. 이 동네 안에서 당신은 무엇을 기대하고, 어떻게 어울리며, 어떻게 행동해야 하는지를 대체로 알고 있는데, 이를 **재무 컴포트 존**(financial comfort zone)이라 한다.

⌒ 재무 컴포트 존 ⌒

그림 3.1은 극빈 생활에서 막대한 부에 이르는 재무 가능성(financial possibility)의 범위를 나타낸다. 당연한 말이지만 이 범위는 매우 클 것이

재무 자원의 상한 한계 :
워런 버핏 등

재무 자원의 하한 한계 :
가난, 극빈

그림 3.1 | 재무 가능성의 범위

지갑 속에 돈이 얼마나 있는가?

당신의 재무 컴포트 존(financial comfort zone)을 구체적으로 확인하는 한 가지 방법은 지갑에 보통 얼마의 현금을 가지고 다니는가를 보는 것이다. 예컨대 해리(Harry)는 지갑에 항상 2,000달러를 가지고 다닌다. 그보다 많아도 불안하고, 적어도 불안하다. 한편 레인(Lane)은 현금을 많이 가지고 다니지는 않고 집을 나설 때는 항상 25센트 동전이 주머니에 있어야 한다.

경제적으로 빠듯한 젊은 싱글맘인 리즈(Liz)는 현금을 많이 가지고 다닌 적이 없다. 물건을 살 때는 언제나 수표를 사용하고 지출을 항상 세심하게 관리한다. 지갑 속에 20달러가 있으면 엄청난 돈이 있는 것처럼 느껴진다. 재혼을 하고 어느 정도 경제적 여유가 생긴 후에는 현금을 좀 더 가지고 다니기 시작했다. 리즈와 남편은 일주일에 각자 30달러의 개인 용돈을 썼고, 그래서 지갑에 그 정도의 돈이 있으면 적당하다는 느낌을 받는다. 몇 년 후 남편이 갑자기 사망했고, 리즈에게 100만 달러가 넘는 작은 사업체를 남겼다. 리즈는 상속 재산에 서서히 익숙해지면서 현금을 더 많이 들고 다니기 시작했다. 아직도 물건을 살 때는 수표와 직불카드를 이용하지만, 이제 그녀의 재무 컴포트 존(cash comfort zone)의 현금 규모는 200달러로 늘어났다.

다. 상단 선은 재무 자원의 상한 한계를 나타낸다. 하단 선은 재무 자원의 하한 한계, 즉 생존의 기본적 필요를 충족시킬 수 있는 최소 자원을 나타낸다.

이런 거대한 범위 내에서 우리의 머니스크립트는 인위적이고 스스로를 강제하는 재무적 안정의 범위(bands or zones of financial comfort)를 생성한다. 이들은 그림 3.2에서와 같이 점선으로 나타낼 수 있다. 제1장에 나온 질문에 대답을 해본다면 당신의 존(your zone)이 얼마나 좁은지 또는 넓은지, 그리고 그 범위가 위쪽 경계에 가까운지 아래쪽 경계에 가

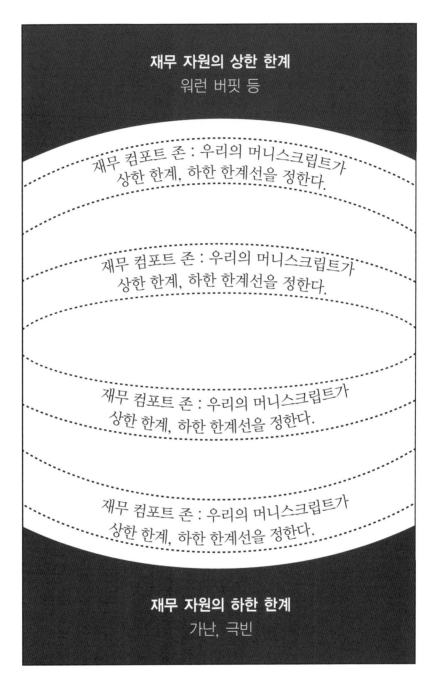

그림 3.2 | 가능성 범위 내의 안정지대

까운지 명확히 알 수 있을 것이다.

⟶ 재무 컴포트 존으로부터의 이탈 ⟵

일반적으로 경제적 성공은 당신의 재무 컴포트 존에 의해 제한된다. 당신은 자신이 속한 재무 동네(your financial neighborhood)에서 가장 재정적으로 성공한 사람보다 금전적으로 훨씬 많이 여유가 있지는 않을 것이다. 돈을 벌고 부를 쌓는 것과 관련된 근본적인 원리와 행동이 있다. 부를 실현한 누군가를 잘 알지 못한다면 축적된 부는 당신과 무관하게 느껴질 것이다.

이러한 역학 작용이 교육에서도 동일하게 적용된다. 예컨대 케시(Casey)는 대학을 졸업한 사람과 친해지기 어렵다고 느낀다. 대학 졸업장은 자신 같은 사람, 자신의 가족, 자신의 마을 출신인 누군가가 달성할 수 없는 것이라고 생각한다. 이러한 신념이 그대로 방치된다면, 케시는 더 나은 교육을 추구하지 않게 될 것이다. 그가 가진 가능성에 대한 제한적 시각 때문에 주위에 있는 기회조차 붙잡을 수 없게 될 것이다. 반대로, 당신은 자신의 컴포트 존에서 경제적으로 가장 성공하지 못한 사람보다 훨씬 더 나쁜 상태일 확률이 그렇게 높지 않다. 당신이 컴포트 존의 하위 한계 밑으로 이탈한다면 아마 보다 안정적인 수준으로 복귀하기 위해 분발할 것이다. 예컨대 부업을 갖는다거나 급여를 올린다거나 승진을 요구하는 식이다.

스스로 부과한 재무 컴포트 존의 최상위 또는 최하위 한계 중 어느 하나에 가까워지면 죄의식, 수치심, 압박감이 늘어난다. 이러한 압박감은 경계 안쪽의 보다 안전한 위치로 당신을 되돌아가게 하는 역할을 한다.

당신의 재정 상태가 당신의 재무 컴포트 존과 양립할 수 있는 한, 이 컴포트 존이 당신이 보다 성공할 수 있는 가능성을 제한한다 할지라도 모든 것이 순조롭다고 느낄 것이다. 문제는 당신의 소득 수준 또는 생활 수준이 현저히 높아지거나 낮아질 때 시작된다. 스테이시(Stacy)와 남편인 잭(Jack)은 모두 블루칼라⁴ 출신이다. 스테이시는 현금출납일을 했고, 잭은 전기 기술자였다. 대다수 주위 친구나 친척들과 마찬가지로 매달 안정적으로 생활하는 데는 문제가 없지만 재정안전성(financial security)이나 자산(net worth)은 별로 없다. 스테이시는 혹시나 하는 마음에 매주 복권을 샀는데 놀랍게도 복권이 당첨되어 1,000만 달러라는 거액의 상금을 받게 되었다

이 일로 인해 스테이시와 잭은 자신들의 재무 컴포트 존의 최상위 한계를 곧장 돌파했다. 하루아침에 일을 그만두었고 물질적 욕망을 충족할 수 있게 되었다. 그러나 그들은 일을 안 하는 그 시간에 무엇을 해야 할지를 알지 못했다. 갑자기 고급 차를 살 수 있게 되었고, 고급 주택가에 있는 집을 살 수 있게 되었지만, 그들은 고급 차를 모는 사람, 고급 주택가에 사는 사람을 아무도 알지 못했다. 그들은 세 자녀를 대학에 보낼 수 있게 되었지만, 친가, 외가 쪽에 대학 졸업장을 가진 사람이 하나도 없었다. 복권 업체 직원은 공인회계사(CPA), 재무설계사와 상담을 하라고 권유했지만, 그들이 아는 주변 사람 어느 누구도 CPA나 재무설계사와 상담을 해본 적이 없었다.

단 하루 만에 이들의 재무 관리 행동은 각종 청구서를 지불할 돈이 있는지를 확인하는 것에서 이제 어디에 투자를 할 것인지를 결정해야 하

---

4 역주 : 블루칼라(blue collar)는 작업 현장에서 일하는 노동자를 일컫는 말로 샐러리맨이나 사무직에 종사하는 화이트칼라(white collar)와 대응된다.

는 상황으로 변하였다. 스테이시와 잭은 무엇을 해야 할지 알 수 없었고, 이는 이들에게만 해당되는 문제는 아니다. 꿈이 실현된 듯하지만, 이러한 종류의 갑작스러운 부는 사람들을 혼란스럽게 하며, 심지어 우울하게까지 만들 수 있다.

더욱 스트레스를 주는 것은 스테이시와 잭의 가족과 친구들의 반응이었다. 가족 중 몇몇은 간접적으로 돈을 요구했다. 스테이시의 여동생은 복권 당첨 사실을 안 후 그녀와 말을 하지 않았다. 친구나 직장 동료들은 "이제 부자니까 우리 같은 사람과는 어울리지 않겠네!"와 같은 말을 한다. 2~3일 만에 몇몇 친구와 친척들은 직접적으로 돈을 요구하기도 하였다. 그냥 달라거나, 빌려달라거나, 일생의 사업 투자 기회가 있다 등의 방식이었다. 스테이시와 잭은 어떻게 해야 할지 몰랐다. 친구와 가족에게 돈을 줄까? 그렇다면 얼마나? 어떤 결정을 내려야 할까? 요청을 거절한다면 그들과의 관계가 망가질까? 받아준다면 관계가 어떻게 달라질까?

자신의 컴포트 존 밖으로 나가는 일이 항상 이렇게 극적으로 나타나는 것만은 아니다. 앤드류(Andrew)는 가족 가운데 최초로 대학에 진학하게 되었다. 대학을 졸업하고 이듬해에 멜리사(Melissa)와 결혼하였다. 대기업에서 몇 년간 일한 후 자기 사업을 시작했다. 사업이 성장하면서 경제적 성공도 이루었다. 그는 생활양식, 신념, 관심사, 자신과 자녀들의 목표라는 측면에서 부모형제들과 어린 시절 친구들로부터 멀어져 갔다.

스테이시와 잭의 경우에 비해 변화 속도가 느렸기 때문에, 앤드류와 멜리사는 자신의 재정적 위치를 다루는 지식과 기술, 기법을 점진적으로 익힐 수 있었다. 이러한 점진적 변화는 스트레스가 덜하고 자기 파괴적 행동을 할 가능성이 적어진다. 왜냐하면 배우고 성장하고 생각을 발전시키고 재무 컴포트 존을 확대할 시간이 상대적으로 많기 때문이다.

변화가 점진적인지 갑작스러운지와는 무관하게, 재무 컴포트 존의 상한 경계에 가까워지거나 이를 넘어서는 경우 불안감이 느껴지기 시작한다. 본인은 불안이나 불안의 이유를 아마 인지조차 못할 것이다. 어찌됐든 돈이 더 많으면 좋은 것 아닌가? 돈이 많아졌는데 왜 스트레스를 받을까? 스트레스를 받는다면 뭔가 문제가 있는 것이 아닌가? 등의 생각을 하곤 한다. 스트레스는 더 적은 돈을 갖게 되었을 때뿐 아니라, 어떤 종류이든 낯선 재무 상황에 처하게 될 때 느껴지는 죄의식과 수치심에서도 온다.

재무 상태가 변하면 스트레스가 생긴다. 더 많은 돈을 갖게 되어서 받는 스트레스는 더 적은 돈을 갖게 되어서 받는 스트레스만큼이나 보편적으로 나타난다. 무슨 일이 일어나고 있는지 인지하지 못한다면, 우리는 스트레스를 떨치기 위해 원래의 컴포트 존으로 돌아가려는 행동을 하기 시작할 것이다. 심지어 경제적으로 손해를 보더라도, 평형과 안정을 되찾기 위한 무언가를 무의식적으로 하게 될 것이다. 불편한 상한 한계로의 이탈을 막기 위한 결정을 하게 되는 것이다.

결국 상한 한계 위로 넘어가게 되면, 다른 동네로 이사를 가야 할 것이고, 그곳에서 고립될 거라고 느끼게 된다. 그래서 사업에 투자를 한다거나, 집을 증축한다거나, 거액을 줘버리거나, 장기 또는 해외여행을 가기로 결정한다. 우리 가운데 다수는 상한 경계로부터 벗어나 자신의 재무 컴포트 존의 익숙함으로 돌아가기 위한 어떤 일을 할 것이다. 우리는 이러한 부를 감당해 본 적이 없기 때문에, 서투른 사업 또는 투자 결정을 하고 돈을 잃어버리곤 한다.

마찬가지로 컴포트 존의 하한 한계에 이르면 원래로 회귀하려는 충동도 있다. 토니(Toni)와 아트(Art)는 모두 상위 중산층을 유지할 만한 직업을 가지고 있었다. 그런데 아트가 직업을 잃었다. 그렇다고 해서 생존이나 쾌적한 삶이 위협받지는 않았다. 지출 규모를 줄인다면 한 사람의 소득으로 생활하는 데 별 문제가 없었을 것이다. 그러나 이들은 이 변화에 의해 자신의 재무 컴포트 존을 벗어날 것이며, 이는 엄청난 스트레스와 불안을 줄 가능성이 있었다. 아트는 시간을 갖고 판단을 내리기보다는 비참한 느낌을 줄일 수 있도록 3개의 시간제 아르바이트를 곧장 구했다.

이러한 상황은 사업에 실패했다가 몇 년 내에 다른 사업을 성공시킨 사업가들에게서도 발견된다. 재무 컴포트 존 밖으로 밀려나면 모든 자원을 동원해 원래의 안정 수준으로 돌아가려고 하는 것이다. 이런 식으로 부유함의 심적 경향은 일종의 보호 요소로 작용하고, 아울러 다른 사람에게는 실패를 딛고 일어서도록 동기를 부여한다.

자신의 컴포트 존을 벗어나는 데에 대한 무의식적 저항은 젊은이들을 지나친 부채로 곤란하게 만드는 한 요인이 되기도 하다. 성인이 되면, 대다수는 경력 단계의 바닥이나 바닥 근처에서 시작해야 한다. 이들이 받게 되는 초기 소득 수준으로는 자랄 때 누렸던 생활양식을 지탱할 수 없을 것이다. 자신의 컴포트 존에 머무르기 위해 과도한 지출을 하는 사람들은 이런 '안정'이 지속될 수 없으며, 결국 큰 대가를 치르게 된다는 것을 알게 된다.

재무 컴포트 존의 상한 한계를 이탈했는지 하한 한계를 이탈했는지에 상관없이, 원래의 위치를 상실했다는 것은 스트레스를 준다. 우리가 그 지대를 벗어난다면, "우리는 누구인가? 다른 사람들은 우리를 어떻게 생각할까? 우리는 자신을 어떻게 생각할까? 다른 사람들은 우리에 대해 무슨 말을 할까? 우리의 존(our zone)을 벗어난 곳에 존재하는 사람들처럼 된다는 의미인가?" 이러한 질문을 고민해 보지 않는다면 우리는 갑자기 많은 부를 획득하거나 가난해졌을 때, 서투른 금전적 결정을 내릴 위험이 매우 높다.

재무 컴포트 존의 상한 한계 및 하한 한계를 정하는 머니스크립트는 우리 자신을 정의하고 자신을 일정 집단의 소속으로 규명하는 데 유용하다. 어떤 특정 존(particular zone)에 있는 사람들은 위나 아래에 있는 사람들을 대단하게 생각하지 않는 경우가 흔하다. 자신이 속한 존(zone) 밖에 있는 사람들을 속단함으로써 자신의 위치를 합리화하거나 정당화하는 것은 소속감을 생성하는 한 방법이다. 예컨대 "부자는 이기적이다.", "가난한 사람들은 게으르다."는 식이다. 엄격히 한정된 동네나 작은 마을과 마찬가지로 재무 컴포트 존은 '다르다'고 묘사되는 것이 칭찬이 아닌 장소이다.

소득 수준을 더 높이고 싶다면, 재무 컴포트 존을 벗어난다는 것이 무슨 의미인지를 먼저 알아야 한다. 이는 최소한 새로운 재무 동네로 들어가는 것이거나 더 많은 돈을 편하게 버는 법을 배우는 것을 포함한다. 이러한 변화에 대비하지 않는다면 금전적 성공을 무의식적으로 파괴하거나, 또는 분수에 넘치는 생활을 할 위험이 높다.

더 적게 갖는 것에 더 편안함을 느끼고 싶은 경우에도 동일한 전략이 적용된다. 더 적게 가진 사람들과 교류하면서, 이들이 자신의 재정 상황을 어떻게 편안하게 받아들이는지를 배워야 한다.

가족의 재무 컴포트 존

가족은 재무 컴포트 존을 인위적으로 형성하는 데 가장 중요한 영향을 주는 요소 중 하나이다. 가족의 재무 컴포트 존 안에 머물러야 한다는 심리적 압박은 매우 강력하다. 가족은 1차적 사회화 영역이고, 인간은 본능적으로 사회적이다. 가족에서 배제된다는 것은 무의식적, 근원적 차원에서 삶 자체에 위협을 느끼게 한다. 원시 사회에서 집단에서 추방되는 일은 위험 노출, 굶주림, 심지어 죽음으로 이어질 수 있다. 가족 집단에서 배제되는 데 따른 결과는 현대 사회에서는 그렇게까지 가혹하지는 않지만 그만큼이나 강력한 경험이 될 수 있다. 가족과 다른 사회경제적 계급에 속하는 것은 불화를 일으킬 수 있다.

가족의 재무 컴포트 존 안에 머무르라는 압력은 다른 가족 구성원으로부터 가해질 뿐 아니라 스스로 느끼기도 한다. 우리는 이를 '엉클 짐 신드롬(Uncle Jim Syndrome)'이라고 부른다.

짐은 남부 일리노이 주에 사는 가난한 농가의 여덟 자녀 중 한 명으로 태어났다. 그는 젊은 시절 가족을 떠났다. 나머지 가족은 집 가까이에 살면서 농장에서 또는 농장과 관련된 일을 했다. 그러면서 '우리는 가난하고 힘들게 일하는 사람들이야.'라는 묵시적 머니스크립트와 재무 행동(financial behavior)을 계속 추종하였고, 이는 빈곤에 근접한 재무 컴포트 존에 해당하는 것이었다.

캘리포니아로 이주한 짐은 근면함이 몸에 배어 있었고, 건설 노동자로 시작해 마침내 주택 건설 및 도급업자로 성공하였다. 그는 부유해졌다. 가족이 강요한 머니스크립트의 상한 한계를 벗어나 가족의 재무 컴포트 존을 훨씬 넘어섰다. 그가 일리노이에 돌아올 때면 언제나 풍파가 일었다.

다음은 다른 가족 구성원이 짐에게 할 법한 말들이다.

- 4일 동안 차를 몰고 오기에는 너무 귀하신 몸이어서(고속도로가 생기기 전의 시절) 일리노이까지 비행기를 타고 오면서 그 잘난 돈 자랑을 하느냐?
- 우리 차 타기에는 너무 귀하신 몸이라 차를 빌리셨나?
- 우리들 집에서 지내기에는 너무 귀하신 몸이라 모텔에서 머무시나?
- 이렇게 돈을 흥청망청 쓰면서 아내와 딸들의 버릇을 망치나?
- 욕실이 2개에다가 세 명의 딸이 각 방을 쓰는 거대한 저택이라면서?
- 우리한테 줄 돈은 없다 이거지?
- 짐이 사람이라면 나한테는 아니더라도 최소한 엄마에게는 돈을 줘야지.

짐이 가족의 재무 컴포트 존을 벗어나자, 그 지대에 머무르는 모두가 그를 뒤에서 비아냥거렸다. 그가 가까운 곳에 살았다면 가족의 돈에 관한 기준에 순응하라는 압력이 강력했을 것이고, 어쩌면 그의 금전적 성공을 망가뜨렸을지도 모른다.

이러한 압력은 통 안에 있는 게의 상황과 유사하다. 어떤 게가 밖으로 기어 나오려고 할 때마다 다른 게들이 이를 붙잡아 통 안으로 다시 끌어들인다. 가족 구성원들은 가족의 재무 컴포트 존을 떠나려고 하는 구성원을 제자리로 끌어당기는 데 있어 거의 이만큼이나 적극적이 되곤 한다.

타인에 의한 압력이 빈번히 성공하는 이유는 가족 집단에 남아 있으라는 내면적 압력을 스스로도 하기 때문이다. 가족의 컴포트 존의 상한을 넘어선 사람들 가운데에는 무의식적으로 자기 패배적 행동을 하고 몇 년 후 처음 시작했던 곳으로 되돌아간 사람들이 많다. 보험금, 거액의 보상금, 복권 당첨금 등 갑작스럽게 돈이 생긴 경우라면 더욱 그러하다. 재무 상황은 변했지만 생각은 변하지 않았고, 따라서 이들은 자신의 재무 상황을 자신의 생각에 맞도록 다시 변화시키는 것이다. 가난에서 부유함으로 그리고 다시 가난으로 돌아간 이야기는 우리 사회에 흔히 있고 언론이 좋아하는 주제이다. 기저의 메시지는 '도대체 생각이 있는 사람들인가?'라는 것이다. 이 질문에 답을 하자면, 이들의 생각이 재무 컴포트 존을 확대할 수 있을 만큼 빨리 변하지 못했다는 것이다.

재무 컴포트 존에는 상한뿐 아니라 하한도 있으므로 가족 중 누군가가 컴포트 존 밑으로 이탈하면 가족들은 불편할 수 있다. 예컨대 타미(Tammy)의 가족은 소위 성공한 사람들이었고 교육 수준도 높았다. 부모는 대학 교수였고 언니는 소아과의사였으며 오빠 한 명은 로스쿨을 다녔고 다른 한 명은 엔지니어링 학위와 MBA를 취득했다. 가족의 머니 스크립트 중 하나는 "성공으로의 길은 양질의 교육에 있다."였다.

타미는 대학에 진학하는 대신 1년간 미용 학원에 다녔고 미용사가 되었다. 타미는 자신의 일을 좋아했고, 형제자매가 큰 저택에 살고 고급차를 모는 데 비해 자신은 수수한 아파트에 살고 오래된 차를 모는 것에 개의치 않는 듯했다. 타미의 가족은 그에게 언제 대학에 갈 것인지, 앞으로 무슨 직업을 가질 것인지 계속 물었다. 타미의 엄마는 타미의 현재 일이 임시직이라고 생각했고, 친구들에게는 타미가 대학 등록금을 모으느라 미용사로 일한다고 말했다. 교육 수준이 높고 부자인 남성들을 딸에게 계속 소개하곤 했는데, 타미가 금전적 부를 얻지 못하는 경우 최소한 결혼을 통해서 이 부분을 만회할 수 있다는 생각을 했기 때문이다.

가족의 재무 컴포트 존을 이탈한 사람에 대한 반응이 항상 부정적인 것은 아니다. 특히 부모라면 가족의 수준을 넘어서는 성공을 이룬 자식을 지극히 자랑스러워할 것이다. 형제자매에 대해서도 이는 가능할 것이다. 아울러 성공한 친척에 대한 가족 구성원의 반응은 스스로의 머니 스크립트, 해당 친척과의 관계, 자기 삶의 만족도에 따라 차이가 있을 것이다.

워런(Warren)은 여덟 자녀 중 다섯째였다. 그보다 나이가 많은 네 명의 형제는 대공황 중에 가난한 가족 농장에서 자라면서 고등학교조차 마칠 수 없었다. 그러나 워런은 가족 중에 유일하게 공부를 계속해서 치과의사가 되었고, 나아가 자신이 설계한 혁신적 의료 기기를 통해 부자가 되었다. 부모는 그를 자랑스러워하고 형제자매도 그러했다. 이들은 워런을 자기 자녀들을 위한 역할 모델로 삼았고 가족의 가치를 무시한 사람으로 보지는 않았다.

워런의 이탈을 가족이 수용하는 데 기여했던 한 요인은 워런이 부를 과시하지 않았다는 점이다. 그와 아내는 풍족하게 살았지만, 개인 비행기를 타고 가족 모임에 나타나거나 명품 옷을 입지는 않았다. 워런은 다른 형제보다 훨씬 부유했지만 생활양식은 가족의 재무 컴포트 존의 상한을 약간 벗어난 정도였지 크게 이탈한 모습은 아니었다.

워런의 부모는 교육을 받지 못했고 경제적으로 성공하지 못했지만, 자녀들은 자신들보다 잘되기를 바랐다. 형제들은 워런만큼 성공하지는 못했지만 대다수가 안락한 중산층의 소득과 생활을 누렸다. 가족의 머니스크립트 가운데 하나는 "열심히 일한다면 앞서갈 수 있다."였다. 워런은 다른 형제들보다 금전적으로 훨씬 더 앞서갔을 뿐이다.

⟋ 재무 컴포트 존의 상한 높이기 ⟍

당신이 본인의 재무 컴포트 존을 어떻게, 언제 설정하는가와 무관하게, 이는 인위적이며 스스로 변경할 수도 있다. 연습을 통해 당신은 자신의 재무 컴포트 존을 높이는 데 필요한 기술을 배울 수 있다. 그러나 머니 스크립트를 규명하고 변화시키면서 돈에 대한 사고방식을 변화시키지 않는다면 부를 획득하고 향유할 가능성은 제한된다. 이후의 장에 나오는 툴(tools)을 이용한다면 당신과 부 사이에 놓인 장벽을 제거할 수 있고 재무 컴포트 존의 상한을 높일 수 있다. 상한을 더 높임으로써, 금전적 성공이 늘어나는 데 따른 불안과 스트레스를 줄일 수 있고, 따라서 자기 파괴적 행위를 할 확률을 줄일 수 있을 것이다.

⟋ 재무 컴포트 존의 하한 낮추기 ⟍

이 책의 한 가지 목표가 사람들이 더 많은 부와 성공을 달성하는 데 도움을 주는 것이므로, 더 낮아진 재무 컴포트 존에서 안주하는 것이 좋을 수도 있다는 제안은 모순일 수 있다. 사실 부와 성공에 관한 책 가운데 이러한 제안을 대담하게 하는 경우는 흔치 않다. 마치 그러한 생각만으로도 당신이 부자가 될 능력에 부정적 영향을 준다는 듯하다. 그러나 컴포트 존의 하한을 기꺼이 낮추려는 의지가 재정건전성을 달성하고, 심지어 부를 획득하고 증진하는 데 필요한 시기가 있다. 이 점은 우리의 연구에서 설명한 바 있다. 즉, 부유한 가정에서 자란 사람은 하위 중산층이나 노동자 계급의 가족에서 자란 사람에 비해 자신이 번 것보다 더 많은 돈을 쓸 개연성이 현저히 더 높은데 이런 경우에 해당한다.

우디(Woody)는 아버지처럼 보험업계에서 일했다. 20년 후 그는 부유해졌고 금전적으로 성공했다. 하지만 한편으로 그는 불행했다. 부동산과 관련된 직업을 늘 원했고, 보험 판매에 염증을 느꼈다. 직업을 바꾼다면 부동산 관련 면허를 따고 새 직업에 정착하기까지 한시적이지만 수입이 현저히 줄어들 것이다. 그가 '생활 수준을 낮추는 것은 실패를 의미한다.'라는 머니스크립트(money script)를 극복할 수 없다면 더 이상 만족을 주지 못하는 직업에서 벗어나지 못했을 것이다. '원하는 것을 얻으려면 지출을 줄여야 할 때도 있다.'로 머니스크립트를 바꿈으로써, 우리는 일생의 꿈을 추구할 수 있는 여건을 조성하였다. 결국 실패자라고 느끼고 싫어했던 직업으로 돌아가지 않아도 되었다.

파괴적인 과다지출 습관을 벗어나고 싶다면 재무 컴포트 존을 낮추는 것이 좋다. 자금 통제를 하고 부채를 극복하고 미래의 재정안전성(future financial security)을 높이려면 지금까지 익숙했던 것보다 더 저렴한 차를 몰고, 더 작은 집에서 살고, 덜 비싼 옷을 입는 법을 배워야 할 것이다. 적어도 한동안 덜 풍족한 재무 컴포트 존을 기꺼이 받아들이려는 의지는 스스로에게 가장 현명한 장기 투자일 수 있다.

재무 컴포트 존을 한시적으로 낮추는 일은 젊은이에게도 중요하다. 메이슨(Mason)은 비교적 부유한 가정에서 자랐다. 부모는 모두 변호사로 성공한 사람들이었다. 그의 삶은 새로운 차, 유럽 휴가, 값비싼 저녁 식사, 유명 브랜드 옷에 익숙해져 있었다. 대학을 졸업한 후 회계사 일을 시작했을 때, 재정건전성을 유지하려면 더 낮은 생활 수준을 받아들여야 했다. 그는 경력을 쌓고 소득을 높이기까지, 중고차를 몰고, 단출한 휴가를 즐기고, 집에서의 식사와 기성복에 익숙해져야 한다고 생각했다.

메이슨이 생활 수준의 변화에 익숙해지고 재무 컴포트 존의 하한을 낮출 수 없었다면 과도한 지출, 무분별한 부채, 파산 가능성의 위험이 있었을 것이다. 메이슨은 더 높은 생활 수준을 추구하는 행동을 하지 않도록 사고방식을 의식적으로 변화시킴으로써 그런 행동이 가능할 수 있었다. 높은 재무 컴포트 존에 집착했다면, 궁극적으로 높은 컴포트 존에 정착하게 해줄 재산 형성이 어려웠을 수 있다.

재무 컴포트 존의 하한을 낮추는 것을 긍정적으로 평가한다고 해서, "당신이 가난하다면 가난하다는 사실을 인정하고 현재 가진 것에 감사하라.'는 말을 하자는 게 아니다. 이러한 종류의 자기 한정적 최면이야말로 이 책에서 변화시키고자 하는 것이다. 우리는 의지가 있다면 반드시 길이 있다고 믿는다.

러스 프린스(Russ Prince)와 루이스 시프(Lewis Schiff)는 *The Middle-Class Millionaire*(Doubleday, 2008)라는 저서에서 백만장자들은 평균적으로 3.1회의 중대한 직업 또는 사업 실패를 겪었고, 반면에 비백만장자들은 1.6회의 실수를 범했다고 보고했다. 이 통계가 시사하는 바는 경제적으로 성공한 사람과 그렇지 못한 사람 간의 차이 가운데 하나는 성공한 사람은 계속 반복해서 도전을 했다는 점이다. 그들은 실패에 순응하지 않았다. 그들은 포기하지 않았다. 그들은 부와 금전적 성공이 다른 사람에게 그러한 것처럼 자신에게도 가능하다고 믿었고, 결국은 성공할 거라는 확신을 가지고 추구했다.

그들은 실패를 통해 배웠고, 결과적으로 미래의 성공 확률을 높였다. 부자가 되지 못한 사람들은 성공이 자신의 것이라고 완전히 확신하지 않아서인지 모르지만, 훨씬 일찍 노력을 중단했다.

자신의 머니스크립트를 규명하고 재무 컴포트 존을 확대하는 일은 풍족함을 느끼는 생활로 나아가는 데 유익하다. 그러나 감당할 수 없는 생

경기 침체로 컴포트 존의 하한이 낮아질 때

2008년, 부동산 가격이 폭락하고 일자리들이 사라졌다. 전문가들은 뉴스에 나와 대공황 또는 이보다 더 심한 상황이 우리를 기다리고 있다고 경고했다. 그러나 개인적이든, 국가적이든, 세계적이든, 어떤 종류의 경제 위기에도 기회는 존재한다. 우리가 국가 경제에 거의 영향을 줄 수는 없지만 개인 경제는 통제할 수 있다. 자신의 행위를 주시하지 않는다면 스스로를 향상시킬 기회를 상실한다. 같은 실수를 반복하고 재정건전성을 향상시킬 기회를 놓치고 차후의 불가피한 시장 침체에 매우 취약해진다.

재정건전성에 대한 진짜 위협은 경제 상황의 불가피한 등락에 있는 게 아니라 우리의 내부에 있다. 머니스크립트가 '시장은 상승하게 마련이야.', '미래에 대해 걱정하지 마!', '이걸 지금 사도 돼.'와 같이 지나치게 낙관적이고 그릇된 가정에 기초한다면, 이는 과도한 위험 감수, 계획의 부재, 과다지출과 같은 파괴적 재무 행위로 이어질 수 있다. 반대로 머니스크립트가 '시장은 절대 회복되지 않을 거야.', '나의 미래는 비참해.'와 같이 지나치게 비관적이라면 바닥에서 주식을 파는 것과 같은, 위에 버금가는 파괴적 행동을 할 수도 있다.

경기가 침체되는 경우 두려움에 근거한 행동을 하기보다는 머니스크립트를 점검하고, 재정적 삶을 개선해 차후의 필연적 시장 상승을 최대한 활용할 수 있는 기회로 삼아야 한다.

활양식으로 살아간다면 이는 진정한 풍요가 아니다. 현재의 수입을 넘어서는 생활방식으로 살아가야 한다고 믿는다면, 공교롭게도 이는 당신을 계속 정체시키고 장기적 재정 안전과 지속적 부의 달성을 방해할 수 있다. 시야는 높은 곳을 바라봐야 하지만, 분수에 맞게 살 줄 알아야 한다.

⌒ 돈에 대한 사고방식 바꾸기 :
당신의 재무 컴포트 존 ⌒

당신이 사는 재무 동네를 잠시 생각해 보라. 당신이 아는 가장 부유한 다섯 사람은 누구인가? 당신이 아는 가장 가난한 다섯 사람은 누구인가? 당신의 재무 컴포트 존의 범위는 어디인가? 당신은 이 존(zone)의 상한에 가까운가 아니면 하한에 가까운가? 상한을 높이고 싶은가? 부를 획득하기까지 하한을 낮춰야 하는가? 그렇다면 이를 위해 당신에게 유용한 머니스크립트는 무엇인가?

이제 당신은 자신의 머니스크립트를 규명하고 자신의 재무 컴포트 존에 대한 지식을 갖기 시작했다. 차후의 2개 장에서는 협소하고 제한적이고 불만스러운 재무 컴포트 존 안에 당신을 가두고 있는 머니스크립트를 다룰 것이다.

4

당신을 가난하게 만드는 머니스크립트

◆

Wired

for

Wealth

◆

머니스크립트에 근거한 무의식적인 재정 결정들은 때때로 재산을 늘리거나 유지하는 일, 자산의 효율적인 관리를 방해하기도 한다. 이런 결정은 안정적인 재정 상황을 유지하는 데 방해가 된다. 때로는 의식주나 건강 관리와 같이 삶의 기본적인 것조차 해결할 수 없는 가난을 초래하기도 하며, 또 어떤 이들에게는 그날그날 살아갈 수는 있지만 재정적인 보장이나 위험 대비 또는 미래를 위해 저축할 여력이 없게 만든다. 어떤 사람들에게는 심각한 재정문제에 이르게 하는 과한 소비를 초래하기도 한다.

2008년 미국 심리학회에서 실시한 조사결과에 따르면, 미국인의 75%는 그들의 삶속에서 돈이 심각한 스트레스 요인이라고 응답했는데, 이는 금융 위기 이전 조사였다. 분명한 것은 우리 모두는 때때로 금전문제로 걱정을 하거나 어려움을 경험한다는 것이다. 많은 경우에 머니스크립트는 무의식적으로 자기 파괴적인 금전 행위를 초래하게 하곤 한다. 이로 인해 사소한 스트레스에서부터 건강 악화, 인간관계의 단절, 그리고 빈곤에 이르게도 한다. 특정 영역에서 문제가 계속 생기거나, 재정적 스트레스를 반복적으로 경험하는 이들도 있다. 어떤 사람들은 소위 금전장애(money disorder)라 부를 만큼의 재정 관리의 무능함으로 인해 고통을 받는다. 금전장애는 강박적 구매와 병적 도박과 같은 중독 현상의 일종이며, 이것은 알코올이나 약물중독처럼 매우 위험하다.

자기 파괴적인 금전 행위를 멈추게 하는 첫 번째 단계는 그런 행동 이면에 깔려 있는 머니스크립트를 이해하는 것이다. *Money and the Meaning of Life*의 저자이면서 철학가인 제이콥 니들만(Jacob Needleman)에 따르면 돈을 잘 다루는 기술의 첫 번째 요소는 본인이 돈에 대해 갖고 있는 생각들을 검토하는 것이라고 했다. 2008년도 재무설계협회(Financial Planning Association)에서 제이콥 니들만은 돈에 대한 신념을 골동품 가게에 비유하며, 골동품 가게에서는 가끔 매우 비싼 보물이 발견되기도 하지만 대부분은 쓰레기로 채워져 있다고 하였다. 그는 "당신은 돈에 관해 어떤 생각을 갖고 있는가?", "어떻게 이런 생각을 하게 되었나?"라는 질문을 통해 돈에 대한 당신의 가치관을 점검할 필요가 있다고 주장하였다.

이번 장에서는 당신을 가난하게 만드는 머니스크립트에 대해 살펴볼 것이다. 첫 번째는 소득 수준보다 더 많은 돈을 지출하는 과소비와 관련된 행위들이다. 극단적으로 과소비는 강박적 구매장애, 병적 도박, 잘못된 투자 결정, 지나친 위험 추구, 갑자기 생긴 돈을 낭비하는 행위를 포함한다. 두 번째는 부의 획득을 회피하는 행위이다. 무의식적으로 부를 거부하거나 의식적으로 돈을 가진다는 것이 바람직하지 않다고 생각하는 이른바 '청빈서원'을 추구하는 경우가 이에 해당된다. 두 가지 행동(과소비와 부를 회피하는 것)은 심각한 부채, 파산, 재정적 스트레스 또는 이와 비슷한 재정적 결과들을 초래한다.

우리들의 연구에 의하면 머니스크립트와 가난(또는 성공하지 못하는 것)은 밀접한 관련이 있다. 제1장에서 돈에 관한 질문들을 제시하였는데, 그중에서 6번부터 15번까지의 항목에 동의한 사람들은 잘못된 재정 행위를 하는 경우가 많았고, 적은 소득과 자산을 가지고 있었다. 우리는 이를 '푸어스크립트(poor script)[5]'라 규정할 것이다.

푸어스크립트 1 : "나의 가치는 내가 가진 순자산의 크기와 같다." 이 믿음은 과소비, 강박적 쇼핑, 불완전 취업, 잘못된 투자 결정과 관련이 있다.

푸어스크립트 2 : "돈과 관련된 사항만큼은 배우자에게 비밀로 해도 괜찮다." 이 믿음은 강박적 쇼핑, 재정적 허용, 자신의 재정과 관련된 생각을 회피하는 것과 관련이 있다.

푸어스크립트 3 : "돈이 많으면 나는 더 행복해질 것이다." 이 믿음은 연구 결과와는 다르지만 사람들은 여전히 이 믿음을 갖고 있다. 이것은 강박적 모아두기, 일중독증, 재정문제 회피와 관련이 있다.

푸어스크립트 4 : "나는 다른 사람들보다 많은 돈을 가질 자격이 없다." 이 믿음은 강박적 소비와 다른 사람들에게 재정적인 혜택을 주는 것과 관련이 있다. 이 두 가지는 부를 쌓는 것이 아닌 부를 없애는 것과 관련된 행동들이다. 연구 결과 젊은 세대(20~50대)가 기성 세대(50~70세)보다 훨씬 더 이 머니스크립트를 지지하고 있었다.

....

[5] 역주 : 푸어스크립트는 돈과 관련된 한 사람의 가치관인 머니스크립트 중에서 잘못된 머니스크립트를 의미한다.

푸어스크립트 5 : "살면서 내가 정말로 원하는 것들을 살 수 있는 날은 절대 오지 않을 것이다." 이 믿음은 과도한 소비, 강박적 구매, 재정문제 회피와 관련되어 있다. 연구 결과 남성보다는 여성이 이 믿음을 더 지지하고 있으며, 강박적 소비 증상이 더 많은 것으로 나타났다. 그 생각은 아마도 "내가 진심으로 원하는 것을 가질 수 없어. 그러니 지금 이거라도 사자!"로 이어지거나 또는 애초부터 가지고 있던 돈이 적은 경우가 이에 해당된다. 이것은 남성이 여성보다 더 많이 일하며(주당 40~55시간 대 20~50시간) 훨씬 많은 소득(평균 70,000~80,000달러 대 50,000~60,000달러)과 자산을 가지고 있다는 연구 결과로 설명될 수 있다.

푸어스크립트 6 : "돈이 많아지면 내 상황이 더 좋아질 것이다." 이 믿음은 과소비, 불완전 취업과 관련이 있다. 20~40대가 50~80대보다 이 믿음을 더 많이 지지하였다.

푸어스크립트 7 : "당신이 좋은 사람이라면 당신의 재정적 문제는 저절로 해결될 것이다." 이 믿음은 강박적 쇼핑, 일중독과 관계가 있다.

푸어스크립트 8 : "돈이 돈을 번다." 재무설계사들은 다른 전문가들보다 이 믿음에 덜 동의하였다. 재무설계사들은 돈을 가지고 있다고, 곧 그들이 현명한 투자를 통해 더 많은 돈을 버는 방법을 알고 있는 것은 아니라고 믿고 있기 때문일 것이다.

푸어스크립트 9 : "내가 원하는 것을 얻기 위해 돈을 빌려야 한다면 그렇게 할 것이다." 이 믿음은 많은 신용카드 부채와 관련이 있다.

푸어스크립트 10 : "돈에 관한 한 타인을 믿으면 안 된다." 이 믿음은 계속적으로 모아두는 행위와 관련이 있다. 18~25세인 응답자가 51~70세 응답자보다 이 신념을 더 강하게 지지하였다.

⟶ 과소비 ⟶

과소비는 가장 흔하게 나타나는 파괴적인 지출 행동 중 하나이다. 이런 현상은 개인의 머니스크립트뿐만 아니라 더 많은 돈을 쓰도록 부추기는 사회적인 분위기에 의해서도 확산된다. 대개 경기가 둔화될 때면 정부는 소비자들이 시장에서 보다 많은 소비를 하도록 권장하며, 때로는 세금 환급까지 해주면서 가능한 한 빨리 소비하도록 조장하곤 한다. 만일 당신이 과소비자라면 예산에 맞추어 소비하는 것이 불가능할 수 있다. 과소비자들은 스트레스를 받을 때 쇼핑을 '기분전환'의 수단으로 사용한다. 물건을 살 때 꼭 필요한 것인지 혹은 쓸 수 있는 것인지 여부는 생각하지 않고 충동구매를 하는 것이다. 이런 과정을 통해 당신이 두려워해 마지않는 신용카드의 부채는 점점 쌓여갈 것이다.

사람들은 감당할 수 있는 것보다 더 많이 구매한 것을 정당화하기 위하여 다음과 같이 합리화하기도 한다. "내가 진짜 원하는 거야.", "나는 열심히 일했어.", "나는 자격이 있어.", "나를 행복하게 해.", "모든 사람이 갖고 있는 거야.", "오늘은 기분이 정말 별로야." 등. 어떤 이들은 부채에 허덕이는 상황에서도 값비싼 자동차나 집을 구매한다. 어떤 이들은 반드시 살 필요가 없는 옷, 과자, 비싼 커피, 선물, 작은 사치품을 사느라 신용카드를 사용한다.

3,000달러를 대출받아서 중요하지도 않은 물건을 산다고 하면 대부분의 사람들은 비웃을 것이다. 그런 그들이 신용카드로 쉽게 쇼핑을 한다. 대출하기 위해서는 서류를 작성해야 하고, 돈이 필요한 이유를 증명

하고, 부채비용에 대한 정보나 대출금 상환에 대한 의무를 알고 있다고 인정하는 절차가 필요하다. 그러나 은행대출보다 더 높은 이자를 내야 하는 신용카드 사용에 대해서는 계산이나 고민 따위 없이 무의식적으로 결제한다. 우리의 연구 결과에 따르면 25%의 사람들이 과소비를 하고 있었고, 이러한 현상은 여성이나 젊은 층에서 훨씬 빈번한 것으로 나타났다.

과소비와 관련된 머니스크립트는 다음과 같다.

- 나의 가치는 내가 가진 순자산의 크기와 같다.
- 돈이 많아지면 내 상황이 더 좋아질 것이다.
- 어려운 시기를 위해 돈을 저축하는 것은 중요하지 않다.
- 나는 돈을 가질 자격이 있다.
- 돈이 돈을 번다.
- 다른 사람에게 돈을 베푸는 것은 마땅히 해야 할 일이다.

다음에 나오는 문장 중 하나라도 '예'라고 응답한다면 당신은 과소비 자일 수 있다.

- 예산에 맞춰서 지출하는 것이 힘들다.
- 소득보다 지출이 더 많아서 예산을 세우지 않는다.
- 돈이 없어도 물건을 구매한다.
- 매달 신용카드 부채액이 이월된다.
- 돈이 부족해서 은퇴에 대비한 저축을 할 수 없다.
- 배우자가 나의 지출이나 부채에 대해 불평한다.

- 배우자나 직장 동료 또는 재무설계사에게 나의 지출이나 부채를 숨긴다.
- 자신이나 주변 사람들에게 소비나 신용카드 사용에 제한을 두겠다고 약속했지만 지킬 수 없다.

과소비는 당신이 사용할 수 있는 돈보다 더 많은 돈을 소비하는 것 말고도, 다른 형태로 나타날 수 있다. 갑자기 생긴 돈을 눈 깜짝할 새 써버리는 것, 잘못된 투자 결정, 과도한 위험 감수, 병적 도박, 강박적 구매 등이 이에 해당된다.

⟶ 갑자기 생긴 돈을 눈 깜짝할 새 써버리는 것 ⟵

리처드(Richard)는 아버지가 평생 열심히 일했다는 것을 알고 있었지만 돈과 관련된 대화를 한 번도 해본 적이 없다. 그는 아버지가 돌아가셨을 때까지 500만 달러의 유산이 있다는 사실을 알지 못했다. 그때까지 리처드는 1년에 36,000달러의 소득이 있었고 45,000달러를 지출하고 있었다. 그의 신용카드 부채는 점점 증가해서 70,000달러가 되었고 주택 대출은 한도에 이르렀다. 리처드가 유산에 대한 소식을 들었을 때 그는 당황했다. 리처드는 친구에게 "다른 사람들은 기뻐했을지 모르지만 나는 우울해!"라고 말했다.

리처드는 "내가 벌지 않은 돈은 당연히 내 것이 아니다."라는 머니스크립트가 확고하게 자리 잡혀 있었지만, 그는 이를 인식하지 못했다. 리처드가 유산에 대해 가장 먼저 한 행동은 유산이 있다는 사실을 외면하는 것이었다. 그는 유산의 유언 집행자로부터 통보를 받고도 어떤 회신도 하지 않았으며, 그 돈은 2년 동안 이자가 거의 없는 입출금통장에 방치되었다.

마침내 리처드가 유산(금리가 전혀 없는 계좌에 2년 동안 방치되었던)을 받기로 결심하였고, 그는 우선 신용카드 부채와 주택대출 상환금을 갚기로 결심했다. 그런 다음 주변에 있는 재정문제에 놓인 사람들을 도와주기로 마음먹었다. 형의 신용카드 빚 100,000달러를 대신 갚아주었고, 조카의 호화스러운 결혼 자금을 지원하였으며, 마약 약물치료를 얼마 전에 끝낸 오랜 친구를 위해 집을 사주었다. 그리고 부동산이 좋은 투자 대안이라는 소리를 듣고 많은 돈을 대출해 미개발된 땅을 사기 시작했다.

5년 만에 리처드는 거의 500만 달러라는 거액을 땅에 투자하였다. 불행하게도 그의 부동산 가격은 2008년도 서브프라임 모기지 사태로 인해 심각한 불황에 빠졌고 마침내 모든 것을 잃었다. 아버지가 돌아가신 지 단 몇 년이 지난 지금 현재 그에게 남겨진 것이라곤 신용카드 부채 50,000달러와 다른 부채를 갚기 위해 재담보 대출을 받은 주택뿐이었다. 그에게 갑작스럽게 생긴 돈은 결국 새로운 대출을 초래한 셈이 되었다.

갑작스럽게 생긴 돈은 당신의 삶에 갑자기 나타난다. 그런 일이 결코 당신에게 일어나지 않을 것이라 생각할지도 모른다. 분명히 로또 당첨의 행운은 희박한 것이긴 하다. 그럼에도 불구하고 일확천금이 생기는 사건은 당신에게도 일어날 수 있으며 생각보다 자주 일어난다. 사람들이 상당히 큰돈을 갑작스레 얻을 수 있는 경로로는 유산 상속, 보험 지급금, 사업장 매각, 고용주에게 받은 주식, 거액의 상여금 등 다양하다. 여기서 말하는 갑작스럽게 생긴 돈이라는 의미가 반드시 하룻밤 사이에 백만장자나 억만장자가 되는 것을 의미하는 것은 아니다. 20~30만 달러 정도는 생명보험금, 법적 소송, 주택 판매 등을 통해서 생길 수 있는 현실적인 금액이며, 이 정도의 돈은 많은 이들이 하룻밤 사이에 부자가 되기에 충분한 돈이다.

일확천금이란 말은 듣기 좋지 아니한가? 여기에서 문제는 무엇일까?

많은 사람들은 횡재한 돈에 대해서는 무의식적으로 가능한 한 빨리 없애려고 하는 경향이 있다. 이런 행위는 의도적인 것은 아니다. 당신에게 많은 돈이 있다면 무엇을 할 것인지 잠깐 생각해 보라. 돈을 사용할 방법들을 잠시 떠올려 보라. 그 리스트 중에 '어리석게 사용하는 것'은 없을 것이다. 그 행운을 의도적으로 낭비하는 사람은 없다.

예상치 못한 횡재를 한 직후 복권 당첨자들은 "이 돈은 나를 바꿀 수 없습니다. 나는 늘 그랬듯이 여전히 같은 사람입니다."라고 인터뷰에서 말한다.

물론 그렇다. 하지만 그것이 문제인 것이다. 사람들이 갑자기 생긴 돈을 잘 관리하지 못하는 한 가지 이유는 돈을 다룰 수 있는 지식과 경험이 부족하다는 것이다. 이보다 더 중요한 이유는 이 책의 제3장에서 설명했던 재무 컴포트 존의 개념으로 돌아가서 생각해 보자. 갑자기 생긴 돈은 당신이 속해 있는 재무 컴포트 존 밖으로 당신을 밀어낼 수 있는 가장 드라마틱한 방법 중 하나이다. 언제나 그랬듯이 당신은 같은 사람이지만, 이 돈은 한순간에 당신을 가족과 친구들 그리고 친숙한 환경과 격리시켜 버린다. 이때 당신의 무의식적인 반응 중의 하나가 당신이 원래 속해 있었던 재무 컴포트 존으로 돌아가려고 애쓰게 된다는 점이다. 불안감을 없애기 위해 당신의 안전지대로 돌아가는 가장 빠른 방법은 지출하거나 다른 사람들에게 나눠 줌으로써 돈을 없애는 것이다.

고객과의 상담 사례를 미루어 봤을 때, 갑자기 생긴 돈을 낭비할 가능성이 높은 사람들은 다음과 같은 머니스크립트를 갖고 있었다.

- 나는 돈을 받을 자격이 없다.
- 내가 벌지 않은 돈은 나의 것이 아니다.
- 다른 가족보다 더 많은 돈을 갖고 있는 것은 잘못된 것이다.
- 유산이나 보험금을 좋아하는 것은 누군가가 사망한 것을 기뻐하는 것과 같은 것이다.

국제공인재무설계사(CFP)이면서 서든머니인스티튜트(Sudden Money Institute)의 창시자이자, *Sudden Money : Managing a Financial Windfall*의 저자인 수잔 브래들리(Susan Bradley)는 갑자기 생긴 돈의 수혜자들은 불로소득(횡재)을 받은 후 여러 가지 재정적 결정을 하고 지출을 하며 몇 달 동안 고민한다고 한다. 수잔 브래들리는 이른바 '의사결정 자유지대(decision-free zone)'에 있는 동안 자신의 가치관을 검토하고, 목표를 명확히 하며, 지출, 저축, 자선, 투자 계획을 세우는 작업을 재무상담사와 함께 작업하라고 조언한다. 예상치 못한 부를 낭비하지 않기 위해서 수혜자들은 자신들의 머니스크립트에 대해 면밀한 검토를 하는 것이 반드시 필요하다.

⌒ 잘못된 투자 결정과 과도한 위험 감수 ⌒

알렉스(Alex)는 사업 수완이 좋은 집수리 도장업자로 풍족하게 살고 있었다. 이혼 경험이 있으나 자식은 없었으며, 검소하게 살고 있었고, 20만 달러의 은행 양도성예금증서(CD)가 있었다. 그는 수년 동안 여동생과 은행으로부터 주식시장에 투자하라는 제안을 받았다. 알렉스는 2000년에 50세가 되었는데 은퇴가 가까워지면서 뭔가 더 큰 수익을 내야 한다는 생각을 하였다. 그는 주식투자에 관한 책을 몇 권 구매하였고, 온라인으로 연구를 한 후 마침내 주식시장에 뛰어들었다. 그는 주식시장이 사상 최고일 때 한 번에 저축액의 절반을 특정 종목에 투자하였다.

두 달 동안은 괜찮았으나 이후 주식 가치가 떨어지기 시작했다. 알렉스는 거의 매일 온라인에서 주식 가치를 확인했고, 점점 더 고통스러워했다. 그는 주식의 일부를 팔아 다른 주식을 샀고, 손실을 만회하기 위해 특정 주식에 배팅해서 공매도[6]를 시도하였으나 더 많은 돈을 잃고 말았다. 마침내 더 이상 압박을 견딜 수 없게 되자 남아 있던 모든 주식을 팔아 버렸다. 그는 인생의 절반 동안 저축한 돈이라 할 수 있는 1만 달러에 가까운 금액을 잃었고, 이제 남은 돈을 은행에 두기로 맹세하였다.

논리적으로 성공적인 투자 방법은 주식 가격이 낮을 때 사고 가격이 높을 때 판매하는 것이다. 그러나 체계화된 투자 계획과 고도의 훈련을 받지 않은 대부분의 투자자들은 그 반대로 행한다. 주식 가격이 높을 때인 강세시장일 때는 순식간에 백만장자를 만들어 낸 신생기업과 주식으로 부자가 된 사람들의 이야기에 관한 뉴스가 가득하다. 이런 소식들은 "저런, 내가 10년 전에 마이크로소프트 주식을 샀다면 지금쯤은 부자가

---

[6] 역주 : 주식이나 채권을 가지고 있지 않은 상태에서 빌려서 매도주문을 내는 것을 말한다.

되었을 텐데!"라고 쉽게 생각하게 만든다.

　동시에 많은 사람들은 투자를 두려워한다. 많은 투자자들이 투자처 주변에서 불안정한 상태로 머뭇거리면서 "지금 투자해야 하는가? 아닌가?"라며 스스로에게 묻는다. 주변 사람들이 주식 강세시장 동안 돈을 버는 것을 확인하고 자신감을 얻은 후에 마침내 그들은 주식 사이클의 최고점이면서 하락하기 시작하는 시점인 강세시장일 때 주식을 산다.

　주식 가격이 떨어지는 약세시장 동안 소액 투자자들은 패닉에 빠지기 십상이다. 당신이 50달러에 산 주식이나 뮤추얼펀드가 40달러, 30달러, 15달러로 떨어지는 것을 보는 것은 공포스러운 일이다. 우리는 손실의 고통을 느끼고 싶지 않기 때문에 주식을 팔지 않은 채 가격이 떨어지는 것을 그저 보고만 있다. 우리는 실수를 매우 부끄러워하고 어리석다고 느끼며, 모든 것을 잃게 되는 것에 대한 두려움이 점점 커져 마침내 시장이 최저점을 기록한 시기에 주식을 팔게 된다.

　주식 가격은 다시 오르지만 우리는 돈을 잃었던 고통의 기억 때문에 상당히 예민해지고 조심스러워진다. 그러나 주식시장이 꾸준히 이익을 낸 지 몇 달 또는 몇 년 후에 우리는 또 다른 하락 직전의 상황에 있는 주식시장에 다시 뛰어들게 된다. 이러한 패턴은 주식 가격이 높을 때 사고 낮을 때 파는 보통의 투자자들이 계속해서 반복하는 행위이다. 워런 버핏의 멘토인 벤자민 그레이엄(Banjamin Graham)의 책 **현명한 투자자** (2003)에 의하면 "투자자의 핵심적 문제이자 최대의 적은 자기 자신"인 것 같다.

　잘못된 투자 결정으로 인해 금전적 손실이 발생하는 또 다른 형태는 과도한 위험을 감수하는 것이다. '2배 수익'을 목표로 당일매매나 위험성이 큰 주식에 투자를 하는 경우가 이에 해당된다. 달러 가치가 급격히 떨어지고 주식시장이 하락했던 2008년도에 많은 소액 투자자들은 자신들이 투자했던 모든 돈을 주식시장에서 회수하였다.

당신의 돈과 경제 상태에 대해 은근히 위험을 야기하는 또 다른 경우도 있다. 사람들은 돈이 은행에 입금되기 전에 수표를 씀으로써 많은 수수료를 지불하는 경향이 있다. 예상되는 보너스나 임금 인상액만큼의 금액을 미리 사용한 후, 보너스나 임금 인상이 되지 않아서 큰 고민에 빠진 적이 있을 것이다.

오늘날 투자와 관련한 많은 정보를 책, 기사, 웹사이트, 세미나 등을 통해 흔히 접할 수 있다. 최근에는 중산층이나 저소득층의 미국인들이 예전보다 더 많이 투자를 하는 것으로 나타난다. 전체 양도소득세의 80%는 연간 10만 달러 이하로 버는 사람들이 내고 있으며, 이 가운데 연간 5만 달러보다 적게 버는 사람들이 전체 양도소득세의 49%를 내고 있다. 만약 은퇴 플랜으로 IRA(미국의 개인연금계좌)를 갖고 있거나, 직장에서 번 돈을 401(k)계좌에 넣고 있거나, 또는 자녀를 위한 대학등록금 저축계좌(college savings plan)[7]를 갖고 있다면 그 계좌를 이용하여 주식투자를 할 기회가 있을 것이다[미국 IRA, 401(k)].

그러나 많은 사람들이 주식투자를 한다고 해서 모두가 잘하고 있다는 것은 아니다. 투자 고문의 선두업체인 파이낸셜 엔진(Financial Engines)은 2008년에 백만 개의 401(k)계좌의 투자 포트폴리오 상태를 평가하였다. 이 연구에 따르면 69%가 부적절한 분산투자를 하고 있었고, 33%는 고용주로부터 매칭 컨트리뷰션(matching contribution)[8]을 제대로 받지 못하고 있었다.

....

7 역주 : 'college savings plan' 계좌는 투자자가 주식투자를 할 수 있게 설계되어 있다.
8 역주 : 회사에서 일정하게 고용인의 연금을 위해 납입해야 하는 금액

달바(DALBAR) 주식회사는 1984년부터 2002년에 걸쳐서 주식 포트폴리오의 다양한 수익을 분석하였다. 재무설계사나 투자자문가를 통하지 않고 스스로 투자하는 사람들은 평균적으로 19년이란 기간 동안 물가상승률보다 낮은 수익률을 얻었다는 사실을 발견하였다. 이들의 평균 수익률은 1년에 2.57%였다(물가상승률은 3.14%). 같은 기간 동안 S&P 인덱스(Standard & Poor's index)[9] 펀드는 12.22%의 수익을 올렸다. 독자적인 투자자들은 주식시장에 백만 달러를 투자해서 연간 약 25,000달러를 번 셈이지만, 만약 그들이 그 백만 달러를 S&P 인덱스에 맡기고 그대로 뒀다면 연간 12만 달러를 벌었을 것이다. 연간 85,000달러의 손실이 발생한 셈이다.

⟶ 왜 투자자들은 현명한 선택을 하지 않는가 ⟵

한 가지 이유는 정보가 있다고 하더라도 대부분의 사람들이 그 정보를 활용하지 않기 때문이다. 대부분의 사람들이 받는 정규 교육에서는 투자와 금전관리를 다루지 않는다. 그들은 대중매체에서 사용한 경제용어들을 제대로 이해하지 못하여 강세시장과 약세시장의 차이도 분명하게 알지 못한다. 분산투자, 자산배분, 자본환원, 수익률과 같은 용어는 보통 사람에게는 혼란스럽기만 하다. 많은 사람들이 투자는 어렵고 복잡하다고 생각하기 쉽다. 당연히 제대로 이해하지 못하면서 두려움은 증가된다. 부족한 지식과 가진 것을 잃을 수도 있다는 두려움은 많은 사람들이 왜 투자하기 싫어하는지를 쉽게 보여준다.

---

9 역주 : S&P(Standard & Poor)는 세계 3대 신용평가기관 중 하나로 이 회사에서 만든 주가지수를 스탠더드 앤 푸어 주가지수(standard and Poor's composite index)라 하며, 이 주가지수를 추종하는 펀드를 S&P 인덱스 펀드라 한다.

만일 당신이 투자에 대한 두려움을 이겨내길 원한다면, 지식의 부족은 반드시 극복해야만 하는 장애물 중 하나이다. 이를 위해 관련된 다양한 정보원을 활용하라. 예를 들어, 책, 지역사회에서 제공하는 관련 교육, 투자나 재무를 가르치는 대학 수업을 이용할 수 있다. 개인별 맞춤형 도움을 받을 수 있는 뮤추얼펀드 영업사원이나 재무설계사와 상담할 수 있으며, 시간당 상담비용이 높지 않은 투자상담사를 활용하는 것도 방법이다. 그러나 해당 정보의 장점을 최대한 활용하기 위해서는 무엇보다도 투자에 대해 갖고 있는 당신의 머니스크립트를 살펴보는 것이 필요하다.

우리가 했던 연구 결과에 의하면 남성은 여성에 비해 잘못된 투자 결정으로 인해 훨씬 많은 금액을 잃어버리는 경향이 있다. 행동재무학에 의하면 주식시장에서 잘못된 투자 결정과 나쁜 투자 성과를 보이는 요인으로 자기과신을 꼽는데, 이 자기과신이 남성들에게 더 흔하기 때문이 아닌가 싶다. 우리의 연구 결과에 의하면 잘못된 투자 결정으로 인해 상당히 많은 금전 손실을 입은 사람들은 "나의 가치는 나의 순자산의 크기와 같다."라는 믿음에 동의하는 경향이 더 높았다.

고객을 만나며 우리는 잘못된 투자 결정과 관련 있는 머니스크립트가 있음을 알게 되었다.

- 투자는 돈을 잘 아는 사람들을 위한 것이다.
- 나는 투자에 대해 배울 만큼 영리하지 않다.
- 투자는 오직 부자들을 위한 것이다.
- 투자는 너무 위험하다.

도전하지 않은 이런 머니스크립트는 잘못된 투자결정이나 투자 기피 현상을 초래할 수 있다. 어느 쪽이건 한쪽에 치우치는 것은 재정적 건강을 위해 옳지 않다.

⤳ 병적 도박 ⤳

은퇴한 건설 노동자인 헨리(Henry)는 스스로를 위험 감수자나 도박가라고 생각해 본 적이 없었다. 헨리가 사는 작은 마을에서 30마일 떨어진 곳에 카지노가 있었다. 그는 가끔 친구들과 카지노에 가서 저녁식사를 하고 동전 몇 개를 넣어 슬롯머신을 하곤 했다. 가끔 먹곤 했던 저녁식사는 점차 늘어 일주일에 한 번, 두 번이 되었고, 동전 몇 푼은 20달러, 30달러, 50달러 이상으로 점점 늘어났다. 몇 달 사이 헨리는 일주일에 여러 날을 카지노에서 보내게 되었다. 그의 사회보장연금이 더 이상 그의 생활비와 도박 자금을 감당하지 못하게 되자 그는 자신의 얼마 되지 않는 저축 계좌에까지 손을 대었다. 카지노에 처음 간 지 채 3년도 못되어 헨리는 자신이 가진 모든 돈을 도박으로 날렸고 신용카드 부채는 최대한도에 이르게 되었으며 차는 저당 잡혔다. 마침내 그는 아파트에서 쫓겨나게 되었고 두 아들에게 도움을 요청하기에 이르렀다.

병적 도박은 병리적 중독의 한 유형이다. 도박산업은 돈의 심리를 매우 잘 이해할 뿐만 아니라 돈을 계속 사용하도록 만드는 데 어느 누구보다 뛰어나다. 실제 돈보다 토큰, 전자카드, 상품권, 페이아웃 슬립[10]을 사용하게 하는 것은 도박하는 사람이 금전 손실의 고통으로부터 거리를 두도록 하는 방법 중 하나이다. 물리적 배치(예 : 방에서 레스토랑을 가

---

10 역주 : 지급하여야 하는 금액을 프린트한 서류

려면 도박장을 통해야 하는 장치 같은)에서부터 천장, 소리, 시계와 창문을 만들지 않는 것에 이르기까지 카지노의 환경은 도박중독과 강박적 효과를 강화시키기 위해 세심하게 설계된다. 따라서 이런 환경에 접근이 쉬운 사람의 경우 평범했던 헨리처럼 도박중독에 빠질 수 있다.

다른 중독과 마찬가지로 병적 도박은 횡령과 같은 범죄 행위로 이어질 수 있다. 버니스(Bernice)의 경우는 그녀가 큰 배관회사의 경리로 일했다는 직업적 차이 말고는 과정의 대부분이 헨리와 비슷하다. 일상적인 회계감사에서 그녀의 절도 행각이 드러났을 때 그녀는 이미 75,000달러를 횡령한 상태였다.

우리의 조사에 의하면 남성들이 여성에 비해 병적 도박문제를 많이 겪고 있었으며, 병적 도박 증세가 있는 사람들은 어려운 시기를 위해 돈을 저축하는 것이 중요하다는 머니스크립트에 상대적으로 낮게 동의하는 것으로 나타났다. 그들은 또한 "나의 가치는 나의 순자산의 크기와 같다."라든가 "좋은 사람은 돈에 연연하지 않는다."라는 머니스크립트를 지지하는 경향이 있다.

우리가 일상 경험을 통해 발견한 병적 도박과 관련한 머니스크립트는 다음과 같다.

- 돈을 벌려면 돈이 필요하다.
- 안전한 것은 지루하다.
- 인생은 짧으니 즐기면서 살자.
- 누군가는 승리하는데 그게 나일 수도 있다.
- 계속 노력하면 나의 날이 올 것이다.

만일 당신이 병적 도박에 대한 위험성이 있다면, 전문가의 도움을 받기를 추천한다. 만일 아래에 제시된 문장 중 하나가 당신에게 해당되는 경우 병적 도박에 빠질 위험성이 있다.

- 도박을 조절하고, 중단하고, 줄이는 데 실패하였다.
- 도박 자금을 마련하기 위해 불법 행위를 심각하게 고려하거나 범죄를 저질렀다.
- 기분을 좋게 하거나 문제를 회피하는 수단으로 도박을 한다.
- 나와 가까운 사람들에게 내가 도박하는 것을 숨기거나 거짓말을 한다.
- 흥분 상태를 유지하기 위해 도박 자금을 늘릴 필요가 있다(또는 늘린다).
- 도박은 나의 일이나 학업 또는 인간관계를 방해한다.

⟶ 강박적 구매 ⟵

애니(Annie)는 자신의 문제를 알고 있긴 했지만 쇼핑을 멈출 수가 없다. 그녀는 거의 매일 필요 없는 물건을 산다. 그녀는 무언가를 사지 않고 상가를 그냥 지나치기 힘들다. 그녀는 직장에서도 온라인 쇼핑을 하기 위해 늘 기회를 엿본다. 그녀에게는 수만 달러의 신용카드 부채가 있고 이 중 일부는 그녀의 남편도 알지 못하는 신용카드 부채다. 애니의 자동차 트렁크나 옷장 안에는 물건으로 가득 채워진 쇼핑백이 있고, 온라인 구매를 감추기 위해 물건을 친구의 집으로 배송시키기도 한다. 그러나 그녀가 구매한 대부분의 물건은 필요 없거나 사용하지 않는 것들이었고 많은 물건은 결국 환불하곤 했다.

애니는 자신의 지출이 통제 불가능하다는 것을 안다. 그녀는 스스로에게 지출을 중단하기로 약속한 후에도 그 약속을 지키지 못하였다. 그녀는 기분전환이나 공허함을 달래기 위해 쇼핑을 한다. 하지만 그 효과는 잠시뿐이다. 구매한 물건을 가지고 집으로 돌아오거나 포장을 뜯을 때면 애니는 죄책감과 회환 그리고 자기혐오를 느낀다. 이러한 감정들에 대처하기 위해 그녀는 종종 또 다른 구매를 시작하기도 한다.

애니는 과소비자보다 훨씬 심각한 강박구매자이다. 정신의학에서 '강박구매장애'로 거명되는 이 중독은 심각한 과소비와 수천 달러의 신용카드 부채를 야기한다. 이것은 구매를 마음껏 할 수 있는 여유가 있는 사람들에게조차도 문제가 될 수 있다. 일반적으로 강박구매는 금전적인 과소비를 포함하지만, 설사 당신이 한 푼도 지출하지 않는다 하더라도 쇼핑을 위해 시간과 에너지를 과소비하기 때문이다.

강박구매자는 스트레스를 해소하고 정신적 고통을 완화하기 위해 쇼핑을 한다. 그들은 쇼핑에 집착하고 저항할 수 없는 충동구매를 경험하며, 지출에 대한 제어를 하지 못한다. 쇼핑은 마약과 같아서 스릴과 높은 쾌감을 제공한다. 이 쾌감은 그들이 쇼핑을 하거나 쇼핑이 주는 즐거움을 기대했을 때 뇌가 도파민에 휩싸이면서 생기는 결과이다. 그러나 이후에 남는 것은 낮아진 자존감과 후회 같은 감정일 뿐이다.

강박구매자들이 쇼핑을 위해 시간을 소비하는 것은 사회정서적 측면에서 알코올 중독자나 마약 중독자들과 유사하다. 강박구매를 치료하지 않고 방치한다면 과도한 부채, 재정 부담, 파산, 대인관계 문제, 이혼, 업무의 곤란, 때로는 횡령이나 사기와 같은 불법 행위로 이어질 수 있다.

소비자 중심의 문화에서 강박구매는 흔히 나타나는 현상이다. 브레인 스테이트 테크놀로지(Brain State Technologies)의 리 거즈(Lee Gerdes)에 따르면 홈쇼핑 구매의 93%가 단 3%의 시청자에 의해서 이루어진다고 한다. 이 연구는 6~10%의 미국인이 강박구매자임을 보여주고 있다. 말 그대로 이들은 '구매를 통한 테라피(retail therapy)'를 추구하는 사람들이다.

우리의 조사에서 8%의 응답자가 지출 통제가 되지 않는다는 문항에 '동의'하거나 '매우 동의'한다고 말했고, 6%가 자신의 걱정이나 문제를 잊거나 기분을 개선시키기 위해 쇼핑한다고 했으며, 10%는 지출을 줄이기 위해 노력했으나 실패했다고 하였다. 다른 연구에서와 마찬가지로 우리의 연구도 남성들에 비해 여성들에게서 강박소비의 징후가 더 많이 보인다는 것을 발견하였다. 특히 18~25세에서 강박적 소비징후가 가장 높이 나타나는 것을 확인하였다. 강박소비를 경험한 사람들은 다음에 열거한 머니스크립트를 더 지지하였다.

- 나의 가치는 내가 가진 순자산의 크기와 같다.
- 살면서 내가 정말로 원하는 것들을 살 수 있는 날은 절대 오지 않을 것이다.
- 돈과 관련된 사항만큼은 배우자에게 비밀로 해도 괜찮다.
- 당신이 좋은 사람이라면 당신의 재정문제는 저절로 해결될 것이다.

고객과 함께 일하면서 우리는 강박구매와 관련된 다음의 머니스크립트를 추가적으로 발견하였다.

- 어떤 일이 어려워질 때 쇼핑을 한다.
- 가장 많은 장난감(물건)을 갖고 죽는 사람이 승자이다.

- 돈을 지출하는 것으로 사랑을 표현한다.

만일 당신이 강박구매장애의 위험이 있다면 이 분야의 전문가에게 도움을 요청하는 것을 권한다. 만일 아래에 나오는 문장 중에 한 가지라도 당신에게 해당된다면 당신은 강박구매자이고 몇 개가 해당된다면 강박구매장애의 위험이 있는 것이다.

- 내 지출은 통제가 불가능하다.
- 쇼핑에 집착한다.
- 쇼핑은 나의 일과 대인관계에 방해가 된다.
- 기분을 좋게 만들어 주는 것들을 자주 구매한다.
- 쇼핑이나 구매 후에 죄책감이나 부끄러움을 느낀다.
- 구매한 물건에 대해 나쁜 기분이 들기 때문에 자주 환불을 한다.
- 쇼핑이나 지출을 줄이겠다고 스스로에게 약속을 하지만 지킬 수가 없다.
- 친구나 가족 구성원에게 쇼핑과 지출에 대해 비밀이 있다.
- 쇼핑을 할 수 없게 되면 불안해진다.

청빈 서약(부자되는 것 회피하기)

당신을 계속 가난에 머물게 하는 두 번째 머니스크립트는 당신이 부를 쌓는 것을 회피하는 것이다. 부를 회피하는 일반적인 형태는 무의식적으로 돈을 갖는 것은 바람직하지 않다고 생각하는 '청빈 서약' 때문에 돈을 갖지 않는 것이다. 또 다른 방법은 돈은 나쁜 것이라고 믿어 버려서 어떤 부도 쌓이지 않게 빠르게 없애 버림으로써 부를 밀어내는 것이다. 부를 회피하는 또 다른 형태는 거부인데, 이는 돈을 벌고 관리하고 이를 다루는 어떤 일도 하지 않는 것이다.

청빈 서약의 수용

재무 컴포트 존에 머물고자 하는 욕구는 재정적 성공을 이루는 데 강력한 장애물이 되곤 한다. 컴포트 존에 안전하게 머무는 한 가지 방법은 무의식적으로 청빈 서약을 채택하고 가난을 지속시키는 재정적 선택을 하는 것이다.

카알(Karl)은 일자리가 드물고 사회경제적으로 침체되어 있는 폐광 지역에서 자랐다. 그의 할아버지, 아버지, 삼촌은 모두 광산이 문을 닫을 때까지 일을 하였다. 카알은 장학금을 받아 그의 가족 중 처음으로 대학에 진학하였다. 공학을 전공하여 졸업한 후에 그는 자신의 고향이 있는 주(state)에 위치한 여러 건설회사에서 일을 하였다.

그는 열심히 일하였고 많은 돈을 벌었지만 항상 무일푼이었다. 그는 규칙적으로 부모에게 돈을 보냈고 다른 가족들을 위해 지출했으며 많은 시간과 돈을 가난한 가족들을 위한 집을 짓는 데 소비하였다. 카알은 힘겹게 사는 자신의 가족들과 공동체 일부로서 자신의 정체성을 유지하기 위해서 지속적으로 자신을 빈곤에 머무르게 했다. 돈을 갖는다는 것은 카알로 하여금 그의 재무 컴포트 존에서 벗어나도록 압박하는 것이기 때문에 그는 불안감을 느꼈다. 그는 가난한 상태일 때의 미덕과 소속감을 느꼈고 카알은 그의 가치관에 맞는 재정적 선택을 하였다.

청빈 서약의 또 다른 형태는 "내가 좋은 사람이라면 재정적 문제는 저절로 해결될 것이다."라는 믿음이다. 마거릿(Margaret)은 선교사 부모를 두었고 교회의 기부금에 의존해서 생활했다. 성인이 된 후 그녀는 종교적 신념을 거부하고 과학자가 되었다. 그러나 그녀는 다른 사람의 지원에 의존하는 부모님의 패턴을 본인이 답습하였다는 것을 깨닫지 못하고 있었다. 야생동물연구원인 그녀는 멸종 위기에 처한 동물을 구하는 프로젝트를 수행하기 위해 보조금과 기부금을 받느라 부단히 애썼다. 그녀는 "돈이 자신을 망칠 것이다."라고 두려워했기 때문에 더 나은 삶을 살 수 있는 기회를 거부하였다.

청빈 서약은 남을 돕는 직업을 갖고 있는 사람들에게서 흔히 나타난다. 예를 들면, 재무 조언가에 비해 사회복지사와 교육자들이 돈과 부자에 대해 부정적인 생각을 할 가능성이 더 높다. 그들은 다른 사람들을 보살펴야 하기 때문에 결국 그들을 돌봐야 되는 것이라는 운명과 무의식적으로 계약한 것이다. 청빈 서약과 관련한 머니스크립트를 추가하면 다음과 같다.

- 선한 사람은 돈에 대해 걱정하지 않는다.
- 적은 돈으로 살아가는 것은 미덕이다.
- 필요한 것보다 더 많이 가지고 있는 것은 옳지 않다.
- 나는 돈을 가질 자격이 없다.
- 돈을 갖고 있다는 것은 주위 사람들로부터 나를 멀어지게 한다.
- 만일 내가 사람들을 돕는다면 나 역시 도움을 받게 될 것이다.

아이러니하게도 자산을 모으지 않거나, 그들의 능력보다 적게 돈을 버는 사람들은 다음의 말을 지지하고 있다. "나의 가치는 나의 순자산의 크기와 같다." 그리고 "만일 내가 더 많은 돈을 갖고 있었다면 모든 상황이 더 나아졌을 것이다."

이 결과는 우리가 만났던 이런 유형의 고객들의 경우를 봤을 때도 일치한다. 그들이 청빈 서약을 갖고 있다 하더라도 많은 사람들은 그들의 재정 상황에 대해 원망하고 있었고, 만일 그들에게 더 많은 돈이 있다면 그들의 삶이 더 나아질 것이라고 믿고 있었다. 이것은 사람의 갈망, 가치, 행위, 믿음이 충돌할 수도 있는 금전행위 문제의 이중성을 잘 보여주는 좋은 예이다. 이러한 요소들이 조정되지 않는 한 부를 축적하기란 매우 어렵다.

만일 당신이 아래의 문장 중 하나 이상에 해당된다면 당신은 무의식적으로 청빈 서약을 갖고 있는 것이다.

- 돈을 갖고 있는 것은 내 친구와 가족들을 나에게서 멀어지게 한다고 믿는다.
- 의식적으로 돈을 위해서 일하는 것은 내 일을 '타락시킨다'고 믿는다.
- 내가 일해서 돈을 받는 것에 대해 죄책감을 느낀다.
- 나의 임금은(월급)은 내 분야에서 평균 이하이다.
- 많은 돈을 가진 것을 정당화하기 위해서 내 돈과 시간을 제공해야 할 필요가 있다고 느낀다.
- 나는 사랑하는 사람들의 은퇴 보장이나 비상금을 위해 기부하고 나의 시간과 서비스를 제공한다.
- 나는 부자가 되는 것이 불건전하고, 부당하다고 믿기 때문에 부를 축적하지 않는다.

재산증식 거부하기

폴라(Paula)의 선생님들은 여태껏 그 작은 고등학교를 졸업한 학생 중 그녀가 가장 똑똑한 학생이라고 말했다. 그녀는 세 아이 중 장녀였고 식당 종업원 일을 하는 어머니의 적은 소득으로 살았다. 폴라의 아버지는 추락사고로 장애가 된 후 지붕공사 일을 할 수 없게 되었고, 충분하지 않은 장애수당의 대부분을 술을 마시며 '부자들은 나쁜 놈'이라고 욕을 하였다. 폴라는 그녀의 가족 중 첫 번째로 대학교에 입학하였고 전액 장학금을 받았다. 그녀는 회계학을 전공하였고 우수한 성적으로 졸업하였다.

교수들로부터 인정을 받은 폴라는 공인회계사 자격증을 취득하였고, 능력을 발휘하고 돈을 벌 수 있는 경력을 쌓을 수 있었다. 하지만 그녀는 좋은 직장을 선택하는 대신 작은 건설회사의 회계장부 담당자(경리)로서 낮은 급여를 받는 직업을 선택했다. 복잡한 회계업무가 없는 단순한 업무는 그녀에게는 너무 쉬웠다. 얼마 지나지 않아 그녀는 자발적으로 사무실을 청소하였고, 근무지에 물건들을 배달하였으며, 컴퓨터 지원 업무를 수행하였다.

5년 후 그녀는 일하는 시간의 3/4을 고등학생도 할 수 있는 일을 하는 데 사용하였고, 여전히 최소임금을 받고 있었으며, 일주일에 30시간을 노인들의 세금 환급과 보험금 청구를 돕는 자원봉사를 하였다. 그녀의 삶은 분주했음에도 불구하고, 최저생계비 문제와 스트레스로 인해 발병한 병을 치료하기 위해 발버둥쳤다. 그녀는 자신의 능력을 모두 사용하지 않음으로써, 그녀의 아버지가 비난하던 '부자들은 나쁜 놈'이라는 말로부터 자신을 보호하였다. 그녀는 자기 자신의 능력에 우월감을 갖는 대신에 그녀의 가족들이 재정적으로 성공한 사람들에 대해 가지고 있던 머니스크립트를 그대로 이어받았다.

두 번째 장에 나와 있는 상위 10개 머니스크립트 중 하나인 "돈은 나쁘다."는 간단하지만 믿기 어려울 정도로 강력하다. 당신이 돈이 나쁘다고 어느 정도 생각하고 있다면 그다음 단계는 돈을 갖고 있는 사람은 나쁘다가 된다. 이러한 두 가지의 의식적 또는 무의식적인 믿음이 돈에 대한 당신의 행동을 이끈다면, 당신은 폴라와 마찬가지로 행동하게 되고 어떠한 재산도 모으지 않는 것에 대한 완벽한 논리를 세우게 되는 것이다.

부를 거부하는 사람들의 행위는 무의식적으로 청빈 서약을 갖고 있는 사람들의 행동과 유사하다. 자신의 삶이나 일터에서 스스로 유리천장을 만들어 승진이나 자기발전에 대한 기회를 차단하거나 또는 재무 컴포트 존에 머물게 하는 것이다. 우리는 필요 이상의 자질을 갖고도 현재 직업에 머물러 있는지도 모르며, 또는 좋은 보수의 직장에서 성공한 후 자기파괴적인 행동을 해서 직장을 잃을지도 모른다. 우리는 내심 성공에 대한 두려움이 있기 때문에 최대한 우리의 재능을 사용하지 않는 것을 무의식적으로 선택하는 건지도 모른다.

방송에 나오는 유명인사들의 부적절한 행동을 볼 때 "돈은 나쁘다."라는 우리의 믿음은 강화된다. 백만장자의 손자가 그들의 돈을 낭비하거나 자기제어 없이 고삐 풀린 망아지처럼 사는 것을 볼 때 평범한 우리의 환경이 오히려 낫다고 생각할 수 있다. 이런 생각은 재벌에 대한 우리의 분노를 정당화하는 데 도움을 주고 부를 갖고 있지 않은 것이 차라리 더 낫다는 생각을 재확인시킨다. 의미 있게 성공적인 삶을 살고 있는 부자들의 자식과 손자들에 대한 이야기는 그냥 지나치는 경향이 있다.

일반적으로 이러한 이야기는 잘 알려지지 않을뿐더러, "부는 인간관계와 사람을 망친다."라는 말에 대한 반대 증거가 되기 때문에 우리는 의도적으로 이러한 사례를 찾지 않는다.

우리의 조사에 의하면 27%의 응답자가 그들이 부를 축적하는 것을 어느 정도 피하곤 한다고 답하였다.

비록 실증자료로부터 특정한 믿음과 부의 회피 간에 유의미한 상관관계를 발견하지는 못했지만, 부의 거부와 관련되어 있는 것으로 보이는 머니스크립트들이 있다.

- 사람들은 다른 사람들을 이용해서 부자가 된다.
- 부자들은 욕심쟁이다.
- 부자이면서 좋은 사람이기는 어렵다.
- 대부분의 부자들은 돈을 가질 자격이 없다.
- 부자들은 그들이 가진 돈을 당연한 것이라고 여긴다.
- 돈은 악의 근원이다.
- 돈은 사람을 타락시킨다.
- 많은 돈을 갖고 있는 것은 당신을 다른 사람으로부터 멀어지게 한다.
- 부자가 되는 것은 당신이 오랜 친구나 사람들과 더 이상 어울리지 못함을 의미한다.
- 당신은 돈과 사랑 중 하나만 가질 수 있다.
- 부자가 되는 것은 누군가가 당신을 사랑하는지 아니면 당신의 돈을 사랑하는지를 알 수 없게 한다.

⌒ 재정문제 회피 ⌒

마티(Marty)가 11살이었을 때, 부유했던 그녀의 가족들은 재정적 위기를 맞았고 마침내 파산하게 되었다. 그녀의 아버지는 심한 우울증에 걸렸고 그 충격으로 1년 이상 일을 할 수 없었다. 그녀의 어머니는 술에 빠져버렸다. 15살이었던 마티의 오빠 팀(Tim)은 그때부터 가족의 재정을 책임지게 되었다. 팀은 여동생에게 "걱정하지 마, 모든 게 잘될 거야."라고 얘기했다. 자기만의 세계로 숨어버린 마티는 마치 아무 일도 일어나지 않은 것처럼 행동했다.

30년이 더 지난 후에도 팀은 여전히 가족의 모든 재정적 삶을 책임지고 있다. 그는 가족 사업을 성공적으로 다시 일으켰고 가족들은 다시 부유한 삶을 살게 되었다. 반면 마티는 아주 쉬운 금융 업무조차 스스로 할 수가 없었다. 그녀의 어린 시절 탈출구처럼 그녀가 써두었던 판타지 소설 시리즈가 있었지만 마티는 그것을 출간하려고 하지 않았다. 그녀는 돈에 관한 모든 것을 가족들에게 떠넘겼다. 그녀의 모든 신용카드 청구서와 은행의 입출금 내역서는 가족들이 처리했고 그녀는 돈과 관련된 어떤 행위에도 관심이 없었다.

마티의 방법은 회피라 정의되며 이것은 돈과 관련된 어떤 행위도 하지 않으려는 상태이다. 우리 연구에서 적어도 23%의 응답자가 주어진 재정 상황에 대해서 생각하지 않으려고 노력한다는 것에 대해 '약간 동의'한다고 응답하였고(9%는 '매우 동의', '동의'라고 나타남), 은행 입출금 내역서를 보는 것을 피한다는 것에 적어도 18%가 '약간 동의'라고 응답하였다(8%는 '동의' 또는 '매우 동의'로 나타남). 회피의 또 다른 형태는 기초적인 예산 세우기와 돈 관리조차 배우길 거부하는 것, 가계의 청구서 지불에 대한 모든 책임을 다른 사람에게 넘기는 것, 재정문제에 대해 생각조차 하지 않으며 돈문제에 대해 다른 이를 과도하게 신뢰하는 것 등이 있다.

마티보다 조금 덜한 형태일지라도, 돈문제에 대한 회피는 많은 상황에서 상당한 곤란함을 유발한다. 가족의 재정 상태에 대해서 주의를 기울이지 않고 배우자에게 금전과 관련한 모든 것을 처리하게 하는 것도 거부의 형태이다. 만일 재정에 관여하지 않던 배우자가 미망인이 된다면, 이러한 재정적 무지는 이미 고통스러운 상황에 처한 그들에게 더 큰 스트레스를 줄 수 있다. 이혼을 했을 경우, 부부의 재정에 대해서 아무것도 모르는 배우자는 재산문제에 대해 매우 취약함을 드러내게 된다.

여성들이 돈문제에 대해 회피하고 있다면 이는 위험에 빠질 수 있다. 높은 이혼율과 더 길어진 기대수명으로 인해 대부분의 여성은 자신의 재정을 관리할 필요가 있어졌다. 여성들이 남편 손에 모든 재정문제를 맡겼을 경우, 이혼이나 남편의 사망은 그녀들을 재정적으로 상당히 위태롭게 할 수 있다.

돈 관리를 피하는 사람들은 사업을 하게 될 때 속거나 불이익을 당하기 쉽다. 다른 사람들을 과도하게 믿는 그들의 성향은 위험한 투자에 쉽게 넘어가 벼락부자가 되려는 생각을 갖고 있다.

돈에 대한 또 다른 회피의 형태는 돈을 쫓는 삶은 정신적으로 성숙하지 않는다는 믿음에 기초한다. "더 높은 어떤 일을 하다 보면 재정적인 문제는 해결될 것이다."라는 태도는 어려운 금전문제들을 다루는 것을 피하는 방법으로써 거부를 하는 사람들에게서 일반적으로 나타난다. 때로는 재정적 문제를 해결하는 것이 고통스러워 피하려 하기도 한다. 심지어 그들은 재정적인 문제에 부딪힌다 할지라도 별 문제가 아닌 척 평화롭게 살려는 경향을 보인다.

우리 조사에 의하면 돈에 대해서 생각하는 것을 회피하는 사람들은 그들의 재정 상황을 잊으려 하고 은행 거래내역을 확인하기 싫어하며 다음의 문장에 찬성한다.

- 내가 정말로 원하는 것들을 살 수 있는 날은 절대 오지 않을 것이다.
- 돈과 관련된 사항만큼은 배우자에게 비밀로 해도 괜찮다.
- 돈이 많으면 나는 더 행복해질 것이다.

고객과 만나며 우리는 재정적 거부, 회피와 관계가 있는 다음의 머니스크립트를 발견하였다.

- 돈에 관하여 모든 사람은 정직하다고 믿는다.
- 돈은 항상 있을 것이다.
- 나는 돈을 관리할 수 없다.
- 여성들은 돈을 관리할 필요가 없다.
- 돈에 대해 근심하는 사람들은 인생에서 정말로 중요한 것을 이해하지 못한다.

⌒ 돈에 대한 사고방식 바꾸기 : 당신을 가난하게 하는 머니스크립트 ⌒

당신은 이번 장에서 어떤 머니스크립트가 당신을 가난하게 만드는지 확인하였다. 만일 당신이 여기에서 기술한 행동과 머니스크립트에 대해 이해했다면, 그런 부분을 판단하는 데 도움이 될 것이다. 이러한 무의식적인 믿음들은 성공에 큰 장애가 되고 당신의 잠재력을 실현시키는 것을 방해하는 중요한 역할을 할 수 있다. 당신을 가난으로 이끄는 머니스크립트를 변화시킴으로써 큰 재정적인 성공과 풍요로움을 이끌어 낼 수 있을 것이다. 만일 머니스크립트에 대한 당신의 생각이 재정적 행동을 변화시키기에 충분하지 않다면, 재정상담 전문가에게 도움을 요청하는 것이 좋을 것이다.

5

정신적으로 가난하게 만드는
머니스크립트

Wired

for

Wealth

· 제 5 장 ·
정신적으로 가난하게 만드는 머니스크립트

당신이 충분한 소득과 자산을 갖고 있다 하더라도 머니스크립트는 정신적으로 당신을 가난하게 만들 수 있다. 우리는 재정적으로 안정 상태에 있는 많은 사람들과 일해 왔다. 그들 중 일부는 매우 부자이지만 그들만의 머니스크립트에 갇혀 돈에 관해 지속적인 스트레스를 받으며 산다. 어떤 이는 자신들이 가지고 있는 것을 잃지는 않을까 전전긍긍하고, 몇몇은 더욱더 많이 벌 생각만 하고 있으며, 또 어떤 이는 필요 이상으로 많이 가진 것에 대해 부끄러워한다. 일부는 이런 염려 모두를 끌어안고 있기도 하다. 많은 부자들은 다른 사람들이 자신이 가진 돈 때문이 아니라 자기 자신 자체를 좋아하는가에 대해서 확신을 할 수 없기 때문에 대인관계를 의심한다. 그들은 금전적으로 가난하지는 않지만 정신적으로는 가난하다.

이러한 방식으로 사는 것은 내적 빈곤의 형태라 할 수 있다. 이런 머니스크립트는 자신들이 가진 것을 누리지 못하게 할 뿐 아니라, 그들이 가진 것을 다른 이에게 베푸는 것 또한 못하게 할 수 있다. 이런 이들은 돈을 가졌음에도 불구하고 그들이 가진 어떤 머니스크립트가 재산을 사용하지 못하게 한다. 재산이 많다 하더라도 그들은 두렵고 불안해서 자신이 가진 것을 누리지 못한다. 그들의 머니스크립트가 자신, 사랑하는 사람들, 주변 사람들 그리고 세상과 단절시키는 것이다.

⟶ 인색한 소비 ⟵

버는 것보다 덜 쓰는 것은 건강한 재정의 기본 원리이다. 그렇지만 극단적으로 인색한 소비는 과소비만큼이나 당신을 가난하게 할 수 있다. 과소비자와는 달리 인색한 소비를 하는 사람들은 많은 저축을 할 수 있다. 그러나 그들은 자신들이 갖고 있는 것을 즐기며 사용하는 데 실패할 뿐만 아니라 그들이 가진 것에 비해 매우 조금만 소비하면서 스스로의 삶을 가난하게 만들어 버린다.

독신남인 레오나르도(Leonard)는 철물점의 보조 매니저로 거의 25년 동안 일했다. 그는 자신의 직업에 만족하고 사람들을 즐겨 도와주며 소득도 안정적이다. 그가 현재 직위로 승진했을 때 작은 집을 샀는데, 그가 싫어하는 거실에 있는 카펫만 제외한다면 그 집은 그에게 안성맞춤이었다. 20년도 더 지났지만 그는 여전히 그 카펫을 사용한다. 그는 자기 삶이 이 정도면 충분하다고 생각하기에 스스로 돈을 들여 카펫을 바꾸는 일을 하지 않았다. 그는 카펫을 깨끗하게 잘 유지하기 위해 직장에서 가져온 골판지 조각을 자주 헤지는 곳에 대어 매번 수선하는 고생을 감수하고 있다.

레오나르도는 필요에 의해서 어떤 것을 사는 것보다는 유통기간이 지나서 싸게 파는 빵, 고기, 우유를 구매하였다. 레오나르도는 단지 저렴하다는 이유로 싫어하는 물건을 사는 행위 이외에도 그에게 필요하지 않은 물건을 버리지 못하는 문제 또한 가지고 있었다. 그는 지하실에 빈 플라스틱 마가린 용기, 쓰다 남은 비누조각들, 버리지 못한 골판지 상자로 가득 찬 박스들을 갖고 있다.

레오나르도는 작은 보트 소유에 대한 로망이 있지만 실제로 구매하는 것은 생각조차 해본 적이 없다. 그는 손재주도 있고 목공일을 하는 것이 취미였지만, 그가 만든 물건들은 그리 훌륭하지는 않았다. 좋은 재료와 장비를 구입하여 만든 것이 아니고, 중고 장터에서 구한 연장과 공짜로 얻은 낡은 조각 등 그가 구할 수 있는 가장 저렴한 재료로 취미 생활을 하였기 때문이다. 신체적 건강의 경우 그는 예방접종이나 건강검진에는 돈을 쓰지 않았고 병이 생겼을 때만 의사를 찾아갔다.

수년간 레오나르도는 여러 개의 양도성예금증서(CD)에 거의 2백만 달러를 저축하였다. 그는 투자하는 것에 대해 큰 두려움을 갖고 있었기 때문에 그의 자산은 물가상승률을 따라가기에도 충분치 않았다. 어떤 큰 사건이 일어나지 않는 한 레오나르도는 돈을 쓰지 않을 것이기 때문에 그의 저축이란 행위는 거의 의미가 없다고 할 수 있다. 소비에 대한 레오나르도의 불안과 두려움은 그의 자산을 자신이나 다른 이를 위해 사용하지 못하게 했다.

인색한 소비는 검소하게 사는 것과 다르다. 검소하게 사는 것은 당신이 가지고 있는 자원을 최대한 잘 활용하는 것이다. 반면 인색한 소비는 절약과 검소를 넘어서 인색하게 사는 것으로 표현할 수 있다. 이런 인색함은 다른 사람보다는 자신에게 더욱 가혹하다. 이런 행위는 종종 자기희생에 대한 강박관념, 행운을 누리는 것에 대한 죄책감 그리고 두려움의 감정에 기반을 둔다. 이런 소비 행태는 자신이나 다른 이의 삶을 증진시키기 위한 곳에 돈을 사용할 수 없도록 한다.

크리스마스 캐럴에 나오는 구두쇠 스크루지는 인색한 소비 행위의 상징적인 사례이다. 엄청난 재산을 가지고 있음에도 불구하고 그는 가난뱅이처럼 살았다. 찰스 디킨스는 "어두운 것은 저렴하고, 스크루지는 그것을 좋아했다."고 썼다. 스크루지는 난방을 하지 않은 외지고 음침한 집에서 살았고 부실한 음식을 먹었으며 기본적으로 자신을 편안하게 두지 않았다.

우리의 조사에 의하면, 돈이 있지만 스스로 기본적인 물건들을 갖기를 거부한다에 '약간 동의'한다고 한 응답자가 9%였고, 남성들이 여성들보다 그런 행동에 보다 많이 찬성하고 있었다. 고객과 함께 일하면서 우리는 인색한 소비와 관련된 다음의 머니스크립트를 발견하였다.

- 돈이 생기면 쓰지 말고 저축해야 한다.
- 결코 충분한 재정 상태를 가질 수 없다.
- 나 자신에게 돈을 지출하는 것은 사치이다.
- 내가 벌지 않은 돈(예 : 유산이나 보험 지급금)은 진정한 내 것이 아니다.

다음의 문장 중 하나라도 당신에게 해당이 된다면 인색한 소비문제가 있을 수 있다.

- 나 자신과 다른 사람에게 돈 쓰는 것을 싫어한다.
- 나는 많은 돈을 저축하고 있지만 돈을 쓰는 것이 무섭고 싫다.
- 나는 물건을 얼마든지 살 수 있긴 하지만, 삶을 더 편안하게 하기 위한 물건들은 없어도 괜찮다.

- 돈을 써야 하기 때문에 나를 즐겁게 하는 활동에 참여하는 것을 피한다.
- 돈을 가졌다는 것에 나는 부끄럽고 죄책감을 느낀다.
- 나는 안락함과 안전을 느낄 만큼 충분하게(저축액, 냉장고의 음식, 도구들) 가진 적이 없었던 것 같다.
- 치아, 눈, 또는 다른 기본적인 의료 행위를 받지 않는다.

강박적으로 모으는 것

강박적 모으기는 인색한 소비와 연관된 장애이다. 아이러니하게도 과소비자와 강박적 소비 역시 함께 연결되어 있다. 두 경우 모두에서 호더(hoarder)[11]는 그들의 공간에 사용하지 않거나 필요하지 않는 물건들로 가득 채운다. 몇 년 동안 입어 본 적이 없는 옷이 옷장에 가득하고, 일개 부대에 음식을 대접할 수 있을 정도의 음식이 저장되어 있으며, 수납장에 읽지 않은 책과 연하장, 영수증, 오래된 학교 신문, 몇 년 전에 고장이 나서 못 쓰는 가전제품의 품질보증서가 넘쳐난다면 당신은 강박적 호더일지도 모른다. 이들은 귀중한 기념품과 일반 쓰레기를 구분하지 못하고 모든 것을 움켜쥐고 있다.

어떤 물건들을 버리겠다는 생각은 호더에게 고통이나 극도의 불안감을 불러일으킬 수 있다. 생활공간인 집은 종종 물품 저장소가 되며 집 안을 자유롭게 이동하는 데도 문제를 일으킨다. 극단적인 경우에 강박적 호더는 생활공간 없이 엄청난 물건을 쌓아 놓고 있으며 방과 방 사이에 좁은 통로만이 존재한다. 우리 연구에서 '잡동사니 때문에 생활공간

---

11 역주 : 물건에 대한 집착으로 버리지 못하는 사람

사용에 문제가 있다.'라는 문항에 9%가 '동의' 또는 '매우 동의'로 표기하였다.

이들은 돈 역시 열심히 축적하기도 한다. 구두쇠 스크루지는 호더의 대표적인 예이다. 스크루지는 부자였지만 자신을 포함한 어떤 이에게도 돈을 쓰는 것을 꺼렸다.

오랫동안 홀아비로 지내는 데일(Dale)은 은퇴 후에도 자신의 농가에서 계속 살고 있었다. 마침내 그가 생활지원센터로 이동하게 되었을 때 그의 두 딸은 경매를 위해 그의 집과 별채를 청소했는데, 지하실 선반에 있던 짐들은 두 대의 소형트럭을 가득 채울 정도였다. 냉동고에는 무려 50파운드(25kg)의 말라가는 고기 덩어리가 있었다. 잡지 더미와 광고물은 거실과 부엌의 모든 공간을 가득 채웠고, 새로운 텔레비전은 작동되지 않는 오래된 텔레비전 위에 놓여 있었다. 손님방은 더 이상 맞지 않는 바지들과 20년 전에 문을 닫은 상점에서 구입한 뜯지 않은 양말 세트와 옷으로 가득 차 있었다.

데일의 작업장은 여벌의 드라이버, 망치, 소켓렌치로 가득 차 있었다. 바닥은 그가 몇 년 동안 모아둔 나무와 가죽 쪼가리가 쌓여 있었다. 톱이 그의 잡동사니 속으로 없어졌을 때, 그는 작업장을 청소해서 찾으려 하는 대신에 새로운 톱을 구입했으며, 덕분에 매우 값비싼 두 개의 테이블 톱을 가지고 있었다.

극단적인 축적은 자신의 삶에 문제를 일으킨다. 아래에 설명된 행위들은 경미한 호더의 패턴이다.

탐(Tom)은 사람들을 초대해서 그의 특별한 칠리고추가 들어간 식사를 대접하는 것을 좋아한다. 그의 요리법에 따르면 4개의 토마토 캔이 필요하다. 그러나 그는 상점에서 6개를 구입한다. 그는 스스로에게 "더 필요할지도 몰라, 이번에 사용하지 않는다면 다음에 사용하면 돼."라고 말한다. 하지만 다음에 그가 칠리를 만들면 그는 2개의 토마토 통조림밖에 없기 때문에 다시 상점에 가서 6개의 토마토 통조림을 산다. 탐이 비축한 캔 토마토는 식품 저장소에 쌓여 있고 이 중 유통기간이 다 된 몇 개의 캔은 폭발 위험조차 있는 상황이다. 그럼에도 불구하고 탐은 자기 손으로 그것들을 버릴 수 없다.

탐은 기계와 설비를 구입할 때도 마찬가지였다. 그는 배관문제를 해결하기 위해 철물점에 갔다. 45도 구부려진 1/2인치 정도의 연결관이 필요하다는 것을 알고 있고 따라서 이를 구입하면 되지만, 그는 만약의 경우를 위해서 하나를 더 산다.

탐은 스스로에게 단지 준비하는 것이라고 말하고 상점에 다시 가지 않기 위해 물건을 비축하는 것이라고 하며 사용하지 않은 것은 항상 환불할 수 있고 다음에 그것들을 사용할 수 있다고 말한다. 그러나 탐은 한 번도 추가로 구입한 것들을 환불한 적이 없다. 그리고 그는 다음 배관 연결에서도 그것들을 사용하지 않고 전에 했던 구입 행위를 반복한다. 탐의 창고에는 그가 어디에 써야 하는지 정확하게 모르는 이상한 물건들이 박스들 사이에 놓여 있다.

우리 조사에서는 남성이 여성보다 호더의 징후를 보이는 경향이 더 있는 것으로 나타났다. 강박적 호더의 징후를 보이는 사람들은 다음의 머니스크립트에 동의하고 있었다.

- 돈이 많으면 나는 더 행복해질 것이다.
- 돈에 관한 한 타인을 믿을 수 없다.
- 대부분의 부자들은 돈을 가질 자격이 없다.

- 자신을 위해 돈을 쓰는 것은 사치이다.

만일 당신이 다음의 문장 중에 하나 이상 맞다고 응답한다면 당신은 인생에서 축적의 문제에 봉착할 수 있다.

- 쓸 수 없는 물건이라도 버릴 수 없다.
- 나의 생활공간에 정기적으로 사용하지 않는 물건이 있다.
- 어떤 물건을 버리는 것은 나 자신의 일부를 잃어버리는 것 같은 느낌이 든다.
- 가지고 있으면 안전하다는 느낌이 든다.
- 물건들을 버린다면 필요로 할 때 그것들을 찾을 수 없을까 봐 걱정된다.
- 나는 강하게 나의 소유물에 의미를 둔다.
- 물건으로 가득 찼기 때문에 나의 생활공간의 일부는 사용할 수 없다.
- 물건들을 없애버린다면 무책임한 기분이 든다.
- 가족이 알지 못하는 나만의 저장 공간이 있다.
- 소유물에 대한 욕구는 나를 부끄럽게 하거나 다른 사람에게 그것들을 숨길 필요를 느끼게 한다.

〜 일중독증 〜

폴(Paul)은 남편과 아버지로서의 역할에 헌신하고 있다. 그는 자신의 삶에서 가장 중요한 것은 아내와 자식들이라고 말한다. 폴은 그의 아버지가 가족들을 사랑했고 가족들에게 최고의 삶을 제공하길 원했기 때문에 함께 더 많은 시간을 보낼 수가 없었다고 어머니에게 말하는 것을 들으면서 자랐다. 더 나은 삶을 위한 그의 방법은 오랜 시간 일을 하는 것이었다. 폴은 남자로서 가족에게 사랑을 보여주는 방법은 그들에게 재정적으로 풍요로움을 지원하는 것이라고 배웠다.

만일 당신이 주의 깊게 그리고 객관적으로 폴의 인생을 살펴본다면 일이 그에게 가장 중요한 것이라는 사실을 알게 될 것이다. 직장 동료들은 폴에 대해 그의 가족보다 더 잘 안다. 사실상 폴이 흥미 있어 하는 모든 취미는 또 다른 사업 기회로 변했다. 여가시간에도 그는 가족들에게 여유로운 돈을 제공하기 위한 부업을 하느라 바빴다. 가족들과의 휴가지에서조차 고객과 미팅을 하게 되자 그는 휴가에 '비용'을 지출하지 않게 되었다며 매우 기뻐하였다.

폴의 자녀들은 아버지와 함께하는 유일한 방법이 그의 일에 합류해야 하는 것임을 배웠다. 그는 가족과 시간을 보낼 때조차 회사에서 프로젝트하는 것처럼 만든다. "가족들이 모두 함께 일하는 것만큼 즐거운 일은 없다."는 가치관을 가진 폴은 "모두 일어나라! 오늘은 잔디 깎는 날이다. 매트(Matt)는 잔디를 깎고, 리사(Lisa)는 정원을 정리해. 엄마랑 나는 화초를 심을게."라고 말한다. 폴은 그 순간이 황홀하다. "이게 정말 일을 잘하는 거야."라고 스스로 말한다.

친척집을 방문하는 경우에도 폴은 여전히 가만히 있을 수 없다. 그는 집주인이 그의 도움을 원하는지 아닌지는 상관없이 할 수 있는 일들을 찾았고 느슨한 수도꼭지를 조이고 늘어진 찬장 문을 다시 매달며, 바이러스를 없애기 위해 컴퓨터를 점검하고 고치기 시작한다.

그는 밤에 잠자리에 들면서 스스로에게 "나는 시간을 낭비하지 않았어. 나는 오늘 매우 생산적인 하루를 보냈어. 누구도 나를 게으르다고 할 수 없지."라고 말한다.

일중독자로 만드는 일반적인 생각은 더 많은 돈이 그와 가족들을 더 행복하게 만든다는 믿음이다. 만일 당신이 이러한 머니스크립트를 갖고 있다면, 당신은 끊임없이 일에 미쳐서 행복해지기 위한 더 많은 돈을 벌기 위해 더 열심히 일할 것이다. 그러나 이것은 헛고생에 불과하다. 수십 년간 행해진 사회과학연구에서는 당신이 연간 50,000달러 이상의 돈을 번다면 돈과 행복 사이에는 전혀 관계가 없다고 입증하였다. 연간 5,000달러 이상을 버는 사람들은 연간 15,000달러를 버는 사람들보다는 행복하지만, 1년에 500만 달러를 버는 사람보다 반드시 덜 행복한 것은 아니기 때문이다.

일이나 금전적인 성공에만 당신의 삶을 투여하는 것이 행복을 얻는 방법이 아니다. 사실 많은 경우 그 반대가 진실이다. 당신의 인간관계와 행복이 당신이 하는 과도한 업무로 인해 희생된다면 당신은 행복한 삶을 위해 필요한 가장 중요한 요소를 잃어버리게 되는 셈이다.

그러나 돈은 일중독자의 관점에서는 유일한 가치이다. 만일 당신이 일중독자라면 당신이 기분 좋아질 때는 당신의 인생에서 어느 때보다 더 많이 일을 하는 순간일 것이다. 당신은 아마 다른 어떤 곳보다 직장에서 더 많이 만족하고 자신 있어 하며 소속감을 느낄 것이다. 일중독자들은 종종 어떤 가치를 갖기 위해서는 반드시 생산성이 있어야 한다는 무의식적인 신념을 갖고 있기 때문에 보다 많은 일은 그들에게 더 많은 가치를 느끼게 한다. 그들이 사랑하는 사람에 대해 책임을 지는 최고의 방법은 열심히 일을 하고 그들을 위해서 스스로 희생하는 것이라고 믿는다.

일중독은 종종 부모로부터 자녀들에게 이어지는 가족병이다. 일중독은 정신적 고통과 허무함에 대처하기 위해 일을 하고, 가족을 위해서는 아주 조금의 시간과 에너지만을 남겨둔다. 자녀들과 같이 있는 시간에는 완벽주의자적 기준을 자녀들에게 물려주는 것에 중점을 둔다. "A가 5개이고 B가 하나네? 왜 다 A를 받지 못했니?" 그들의 자녀들은 패배감을 느끼고, 부적절하게 양육되고 있다고 느낀다. 그러나 동시에 그들은 부모의 완벽주의와 오직 생산적인 사람만이 가치가 있다는 믿음을 받아들이게 된다.

우리의 성공 지향적인 문화에서 일중독은 흔히 사회적으로 가치 있다고 생각하는 몇 가지 중독증상 중의 하나이다. "당신이 일을 많이 한다고 생각하나? 나는 어제 사무실에서 12시간을 보냈다고!" 재정적 보상, 승진, 칭찬은 일중독자들이 "일은 내 인생에서 가장 중요한 것이야!"라는 신념을 지키는 데 도움이 된다. 당신의 상사가 당신의 일중독을 좋아할지라도 어쩌면 당신의 상사만이 당신을 사랑하는 유일한 단 한 사람일지도 모른다. 그리고 배우자와 아이들은 당신의 야근, 주말 근무, 휴가 취소 등으로 당신과 보내는 시간이 없어지는 것을 자연스럽게 받아들이게 된다.

당신이 벌어들인 돈의 액수는 당신이 일중독자인지 아닌지와는 상관이 없다. 당신이 큰 회사의 부유한 CEO거나, 평범한 급여를 받는 비서이거나, 비영리단체의 무보수 봉사자이거나, 집에 머물러 있는 부모라도 일중독자가 될 수 있다. 알코올중독자가 스트레스에 대한 해결책으로 술을 마시는 것과 마찬가지로 스트레스에 대한 당신의 반응, 특히 재정적 스트레스에 대한 당신의 반응은 일을 하러 가는 것이다.

우리 연구에서 남성들은 여성들보다 더 많은 시간 동안 일을 하고 있었고 일중독자의 징후 또한 높았다. 일중독과 관련된 머니스크립트는 다음과 같다.

- 얼마나 버는지를 물어본다면, 나는 실제로 버는 것보다 더 적은 액수를 말한다.
- 충분한 돈을 갖고 있다 하더라도 나는 열심히 일을 해야 한다.
- 돈이 많으면 나는 더 행복해질 것이다.
- 당신이 좋은 사람이라면 당신의 재정문제는 저절로 해결될 것이다.
- 사람들은 돈을 벌기 위해 일을 해야 한다.

만일 당신이 아래에 있는 문장 중에 하나 이상 동의한다면 일중독증은 당신의 문제일 수 있다. 만일 여러 문장에 동의한다면 우리는 당신에게 상담 받기를 권유한다.

- 일반적으로 일주일에 50시간 이상 일한다.
- 처음에 계획했던 것보다 더 많은 시간 동안 일을 한다.
- 항상 바쁘게 살아야 할 필요를 느낀다.
- 휴식을 취하거나 즐기는 것이 어렵다.
- 프로젝트가 완벽하다고 느낀 적이 없기 때문에 프로젝트를 끝내는 것이 어렵다.
- 일을 끝낼 때까지 멈추지 않고 일을 하며 심지어는 식사를 거르거나 휴식 없이 일을 하고 계획했던 즐거운 일들을 취소하기도 한다.
- 프로젝트를 완벽하게 끝낼 수 없을 것이라는 두려움 때문에 프로젝트를 시작하거나 활동을 시작하는 것을 꺼린다.
- 다른 사람들에게 일을 위임하는 것이 어렵다.

- 가족 구성원, 직원, 직장 동료들은 내가 일에만 너무 몰두해서 그들의 요구나 염려를 무시한다고 불평한다.
- 일 때문에 나는 중요한 가족 행사를 지속적으로 빠진다.
- 가족들이 내가 얼마나 많이 일하는지에 대해 불평한다.
- 계획과 일에 몰두하기 때문에 대화나 이벤트를 잊는다.
- 일하지 않을 때 죄책감을 느낀다.
- 일하지 않는 시간을 즐기지 못한다.
- 일주일 동안 아무것도 하지 않았다는 생각을 하면 두려움, 혼돈, 짜증이 일어난다.
- 휴식 없이 12개월을 일했었다.
- 쉬는 날에도 이메일이나 전화 음성 메시지로 나의 일을 하루에 한 번 이상 확인한다.
- 가끔 약속을 잊고 다른 약속을 더 만든다.
- 다른 사람과 휴대전화로 얘기하는 동안 습관처럼 컴퓨터 게임을 하거나, 이메일을 읽고 답을 하거나 또는 다른 일들을 하느라 바쁘다.
- 일에 대해서 생각하느라 잠들기가 어렵다.
- 만일 일 또는 별도의 프로젝트에 대한 수행을 요청받는 경우 거절하지 못한다.
- 자신과 다른 사람에게 일을 줄이기로 약속한 적이 있지만 약속을 지킬 수 없다.

⌒ 돈에 대한 사고방식 바꾸기 : 정신적으로
당신을 가난하게 하는 머니스크립트 ⌒

당신은 자신의 어떤 신념과 행동의 패턴을 이 장에서 찾았는가? 만일 그렇다면 그것들은 무엇인가? 인색한 소비, 축적, 일중독과 같은 행위는 분명히 재정적 성공에 기여할 수 있다. 하지만 이러한 것들이 당신에게 풍요로운 삶을 보장해 주는 것은 아니다. 이렇게 제한된 머니스크립트를 극복하는 것은 정신적 풍요로움뿐만 아니라 물질적으로도 편안함과 안정을 얻는 데 도움을 주기 때문에 성공적이고 만족한 삶을 만드는 데 도움을 준다.

6

부를 증진시키는
머니스크립트

◆

Wired

for

Wealth

◆

우리는 고객과 만나면서 부자가 되는 것과 관련 있는 몇 가지 머니스크립트를 발견하였다. 특히 제1장에 있는 질문 중 처음 4개의 문장에 대한 긍정적인 대답은 높은 소득과 순자산 크기와 강한 관련성이 있었다. 우리는 이러한 것들을 웰스스크립트(wealth script)[12]라고 부를 것이다. 우리는 처음 2개의 신념이 부와 얼마나 밀접한 관계가 있는지에 관해 충격을 받은 바 있다. 만일 당신이 이 책으로부터 아무것도 얻지 못했다면 처음 2개의 웰스스크립트만이라도 챙기도록 하여라.

⤳ 웰스스크립트 ⤳

웰스스크립트 1 어려운 시기를 대비해 저축을 하는 것은 중요하다. 우리 모두는 저축이 좋은 것이라고 알고 있다. 그러나 우리 조사에 포함되어 있는 72가지의 신념 중에서 '미래를 위해서 저축하는 것이 중요하다.'는 부자와 부자가 아닌 사람을 구분하는 상황의 75%를 설명해 주는

---

12 역주 : 돈과 관련된 머니스크립트 중에서 부자들이 갖고 있는 머니스크립트를 의미한다.

것으로 나타났다. "얼마나 많이 버는가는 중요하지 않다. 얼마나 저축하는가가 중요하다."라는 오래된 격언은 저축이 부자가 되는 데 얼마나 중요한지를 보여준다. 이런 문장에 동의하지 않는 사람들은 과소비를 하는 경향이 높았으며 높은 신용카드 부채와 도박문제를 갖는 경향 또한 높았다. 31~70세 사이의 사람들은 이 신념을 18~21세 사람들보다 훨씬 높게 지지하고 있었다.

웰스스크립트 2 다른 사람에게 돈을 베푸는 것은 마땅히 해야 하는 일이다. 솔직하게 우리는 이 신념이 부와 강하게 관련이 있다는 것에 놀랐다. 받기 위해서 우리는 베풀어야 한다. 하지만 이 믿음은 높은 부채와도 관련이 있는 나쁜 측면도 있다. 다른 사람에게 돈을 주기 전에 먼저 본인을 챙겨야 한다.

웰스스크립트 3 돈이 있으면 자유로울 수 있다. 부자들은 부가 없는 사람들보다 이 머니스크립트에 더 많이 동의하는 경향이 있다. 돈은 정말로 자유를 제공하며 선택 가능성을 높일 수 있다. 많은 부자들은 이를 직접 경험했다.

웰스스크립트 4 충분한 돈을 갖고 있어도 열심히 일을 해야 한다. 열심히 일하는 것과 더 많은 부를 갖는 것은 분명히 관련성이 있다. 더 많은 시간 일을 하고 열심히 일해야 한다는 믿음은 소득과 순자산의 증가와 관련이 있다. 프린스와 시프가 저술한 *The Middle-Class Millionaire*에 따르면 평균적으로 백만장자는 일주일에 70시간을 일한다. 백만장자는 백만장자가 아닌 사람에 비해 약 5배 이상 이메일을 이용하고, 4배 이상 밤에 일을 하며, 3배 이상 주말에 사무실이나 매장에 나가는 것으로 나타났다.

사실 우리 조사에서 상위 소득자들과 많은 순자산을 보유하고 있는 사람들은 가족들이 일을 많이 하는 것에 대해 불평했다. 일중독은 이런 웰스스크립트의 잠재된 단점이다. 만일 사랑하는 사람이 당신이 일하는 시간에 대해 불평한다면 이것은 당신이 어떤 조정을 해야 한다는 중요한 신호이다. 부는 좋은 것이지만 당신에게 사랑하는 관계를 주지는 않는다. 부를 얻기 위해 자유시간과 가족을 희생할 필요는 없다. 당신은 모두를 가질 수 있다.

웰스스크립트 5 나는 부를 누릴 자격이 있다. 인생에서 좋은 것을 누릴 만한 자격이 있다는 믿음은 풍요로움을 만들어 가는 당신의 능력에 매우 중요한 역할을 한다. 그러나 우리 연구에서 이 신념은 신용카드 부채가 늘어날 수도 있다는 어두운 면을 보여주었다. 우리의 짐작으로는 높은 신용카드 부채를 가진 사람들은 그들이 부를 누리고 있다고 믿는 동안 과다하게 돈을 소비하기도 한다. 게다가 그들은 부와 관련해 "어려운 시기를 위해 돈을 저축하는 것은 중요하다."라는 믿음에 동의하지 않는다. 우리 연구에서 여성들은 좋을 때나 나쁠 때나 상관없이 이 믿음을 지지하는 경향이 상당히 높은 것으로 나타났다. 다음 장에서 우리는 이와 같은 믿음이 어떻게 가족 안에서 문제를 일으키는지에 관해 설명할 것이다.

7

머니스크립트 : 당신 가족의 가족력?

Wired

for

Wealth

머니스크립트는 가족 관계에서 매우 큰 스트레스를
일으킬 수 있다. 돈문제로 충돌하는 것은 부모, 배우자, 자녀, 친구들과
의 관계를 고통스럽게 한다. 부모는 자녀들을 제어하거나 다루기 위해
서 유산을 약속하거나 돈을 사용할 수도 있다. 그러나 재정적 불평등과
상속에 대한 분노는 세대를 갈라놓을 수 있다. 재정 관련 행동에 대한
가족들의 지나친 기대가 싫어하는 직장에 묶어 두게 할 수도 있고, 결혼
생활에서 스트레스의 원인이 될 수도 있으며, 가족 구성원 간의 관계를
악화시킬 수도 있다.

머니스크립트는 세대 간에 이전된다

머니스크립트는 부모로부터 자녀에게로 그리고 손자손녀에게 대물림
된다. 우리 중 많은 이들은 자신도 모르게 그들의 할아버지, 증조할아버
지, 심지어 그 이전 조상의 삶에서 발생된 머니스크립트를 따르고 있다.
가족의 역사를 연구하고 세심히 조사해 보면, 여러 세대에 걸친 재정적

패턴과 신념을 알아낼 수 있다.

1930년대 대공항 시기에 많은 사람들은 그들의 땅, 집, 사업을 잃어 버렸다. 그러나 에드가(Edgar)는 다른 대부분의 사람에 비하면 행운아였다. 그와 그의 아버지는 번창했던 큰 금광 중 한 곳에서 일을 했다. 에드가는 젊은 기술자였고 그의 아버지는 광부였다. 거칠고 욕을 잘하는 남자였던 에드가의 아버지는 "다른 사람보다 똑똑하고 강한 것이 먼저 출세하는 방법이다."라고 아들을 가르쳤다. 에드가는 그의 일에 그 가르침을 적용하였다. 농부들과 목장주인들이 그들의 땅을 담보나 자금 부족으로 잃어버리는 사이, 그는 할 수 있는 한 최대한의 땅을 사들였다. 그는 아버지의 신념을 "다른 사람의 약점과 불행은 강한 사람에게는 기회다."라는 머니스크립트로 받아들였다.

제2차 세계대전이 끝난 후 그의 세 아들이 군복무를 마치고 집으로 돌아왔을 때, 에드가는 부자가 되어 있었다. 그는 아들들에게 꽤 많은 재산을 나누어 주며 "이것이 너희들이 가질 수 있는 전부이니 이제부터는 너희들만의 길을 찾아라."라고 말했다.

장남인 하워드(Haward)는 그의 말을 따라 미군이 지급한 땅을 개발하고 집을 짓는 사업을 시작했다. 그는 "돈이 많을수록 더 많은 존경을 받는다."와 "당신이 어떻게 돈을 버는지는 중요하지 않다. 돈을 가지고 있는 것이 중요하다."라는 가족 머니스크립트를 받아들였다. 그와 그의 회사는 존경을 받았지만 얼마 지나지 않아 그는 집을 짓는 데 부적절한 건축 재료를 사용하고 노동자들의 안전과 복지를 무시한다는 소문이 돌았다.

또 다른 아들인 대니(Danny)는 아버지의 악명을 부끄러워하면서 성장하였고 하워드 집안의 머니스크립트를 거부하였다. 대니는 "돈은 나쁘고 돈에 관심을 두는 사람들은 이기적이다."라는 정반대의 믿음을 가졌다. 그는 학교를 그만두었고 평화봉사단에 가입하였으며 가족 재산의 어떤 것도 받아들이거나 인정하기를 거부하였다.

하워드의 딸인 캐리(Carrie)는 아버지의 머니스크립트를 수정한 형태인 "당신의 돈이 어디에서 왔는지는 문제가 되지 않고 그 돈으로 무엇을 하는가가 중요하다."로 받아들였다. 그녀는 고향을 떠나 전통 있는 부자 가문의 남자와 결혼하였으며, 자선단체와 미술계 후원자가 되었다.

이 가족 3세대 모두 다른 사람을 이용하는 것이 부를 축적하는 방법이라는 가족의 머니스크립트를 무의식적으로 삶에 적용시켰다. 돈에 대한 그들의 행동은 반드시 합리적이거나 논리적인 것은 아니다. 그들 중 어느 누구도 과거에 대한 조사를 통해 그들의 금전 행위와 머니스크립트의 근원이 무엇인지 찾으려고 하지 않았고, 부를 창출하기 위한 다른 가능성들을 고려하지도 않았다. 그러나 그들의 모든 행위는 원래의 머니스크립트가 만들어진 맥락 안에서 본다면 완벽하게 이해된다.

에드가나 그의 자손들처럼 우리 역시 물려받은 머니스크립트를 전적으로 받아들이거나 또는 그것들을 다른 상황에 대처하면서 수정한다. 그러나 우리의 받아들임이 무의식적이거나 반작용적일 때 수정된 머니스크립트는 불안정하기 쉽고 원래의 스크립트보다 제역할을 못하기 십상이다.

어떤 특정 머니스크립트나 행동이 반대 방향으로 나타나는 극단적인 반응은 문제가 될 수 있다. 겉으로 드러난 결과가 완전히 다르다 할지라도 극단적인 머니스크립트는 하워드의 아들이 재산을 거절하는 것과 같은 극단적인 행동을 이끌어 낸다. 또 다른 일반적인 예는 극도로 절약하는 자녀가 있는 과소비자이다. 부모의 소비 습관에 대해 부정적인 결과를 보고 자란 딸은 다르게 행동할 수 있다. 그녀는 쉽게 얻을 수 있는 사치조차 허용하지 않은 채 자신의 인생을 빈곤하게 만들 수 있다. 빈곤 속에서 자란 그녀의 자녀들은 과소비의 또 다른 세대의 순환을 시작할 수도 있다. 따라서 검토되지 않은 머니스크립트와 그에 따른 극단적인 행동들은 반복된다.

～ 과다한 재정지원 ～

아이들이 돈과 관련해 필요한 것이 있다고 요구한다면 안 된다고 할 수 있는가? 많은 경우 정답은 '아니요'이다. 선물이나 금전적 요구에 대해 안 된다고 말을 하지 못하는 부모의 성향은 주는 사람이나 받는 사람에게 큰 문제가 될 수 있다.

자녀들이나 다른 가족 구성원들을 재정적으로 돕는 것이 반드시 잘못 된 일은 아니다. 그러나 때로는 도움이 과할 때가 있다. 과다한 재정지원은 다른 사람으로 하여금 그들의 삶이나 재정적 행동에 따른 결과에 대한 책임을 회피하게 한다. 그것은 스스로 해결해야만 하는 사람들에게 금전적으로 도움을 주는 것을 포함한다. 과다한 재정지원은 장기적으로 곤란을 줄 수 있는 단기적인 도움이다. 궁극적으로 이와 같은 방법으로 다른 이를 구제하는 것은 그들을 돕는 것이 아닐 수 있다.

부유한 퇴직한 경영인 스콧(Scott)은 그의 재무설계사에게 투자 포트폴리오 계좌에서 20,000달러를 송금해달라고 요청했다. 그가 조심스럽게 설명하기를 아내가 계좌인출에 대해서 아는 것을 원치 않으며 따라서 자신의 은행계좌로 직접 입금을 하거나, 재무설계사의 사무실로 수표를 보내달라고 요청했다. "딸에게 새 자동차를 사줘야 합니다. 그녀는 주말에 자동차를 망가뜨렸고, 엄마가 그 사실을 알기를 원치 않아요." 이번이 딸의 3번째 음주 관련 사고였고 그는 그녀에게 5번째 새 차를 사 주었다. "이러면 안 된다는 것을 알고 있어요. 하지만 내가 돈이 있는데 어떻게 그냥 있을 수 있겠어요?" 스콧이 말했다.

과다한 재정지원은 충분한 돈을 가진 부모들에게만 해당되는 것은 아니다. 관리인인 해럴드(Harold)와 종업원으로 일하는 그의 아내 팻시 (Patsy)는 자녀들에게 그들이 받지 못한 교육과 좋은 삶에 필요한 것들을 지원해 주기로 마음먹었다. 그들은 두 아이를 여름 캠프에 참가시키고 음악 레슨을 시켜 주고 자동차를 사주기 위해 부업을 했다. 그리고 대학 등록금을 지원해 주기 위해 그들의 집을 재담보하였다. 자녀들이 성장 한 후에도 재정적인 곤란을 겪을 때마다 매번 도와주었으며, 그래서 그 아이들은 무책임한 재정 결정을 계속하였고 부모에게 더 많은 돈을 요 구하였다. 해럴드와 팻시는 자녀들을 위해 너무 많은 지출을 하였으며, 그 결과 70세가 되어서도 은퇴하지 못하고 여전히 일을 하고 있다.

해럴드와 팻시의 행위는 과다한 재정지원의 일반적 유형의 하나로, 자신들의 은퇴 자금이 부족한데도 자녀들의 대학교 등록금을 위해 지출 하는 경우이다. 아이러니하게도 이러한 희생은 부모뿐만 아니라 자녀 들에게도 많은 대가를 치르게 한다. 일부 전문가들은 어떤 경우에는 자 녀의 대학 교육을 위해 지출해야 하는 금액보다 노부모를 지원하는 데 5~10배 돈이 지출될 것이라고 말하고 있다. 이러한 고통은 자녀가 성년 이 되어 자신들의 재정적인 문제에 허덕일 때 갑자기 발생할 수 있다.

과다한 재정지원은 진정한 배려와 보살핌에서 비롯된다. 부모가 과거 에 했던 실수에 대한 죄책감에 의한 것일 수 있다. 부모들이 그들이 베 풀었던 증여가 자녀들을 자기중심적이거나 재정적으로 무책임하게 성장하도록 이끌었다는 것을 깨달았을 때 대부분의 대응은 과도한 증여를 멈추는 대신 그 상황을 만든 것에 대한 실수에 죄책감을 느끼며 증여 행위를 계속하는 것이다. 이러한 것은 문제를 영구화시킬 뿐 아니라 자녀들이 스스로를 돌보아야 할 때를 놓치고 결과적으로 아주 큰 고통을 겪는 시간을 늘릴 뿐이다.

과다한 재정지원은 종종 가족 구성원을 가깝게 불러 모으는 듯하지만 해결하는 것보다 더 많은 문제를 만들어 낸다. 다음은 이러한 내용을 포함한다.

- 재정재원자와 다른 가족 구성원의 억울함과 분노
- 지원받는 입장에서의 후회가 혼합된 특권의식
- 재정지원자가 갖게 되는 무의식적인 기대나 압박(예 : "내가 주택 계약금을 내준다면 계속 근처에서 살아야 한다." 같은)
- 지원을 받는 사람 측면에서의 동기, 열정, 투지의 부족
- 인간관계를 손상시킬 수 있는 불만
- 재정적인 지원이 중단되었을 때 지원을 받던 자들의 재정적 무능력을 발견하게 되는 충격

과잉지원자는 가족 구성원들 사이, 특히 부모와 자녀 사이에서 가장 흔하게 나타나지만, 때로는 다른 관계에서도 나타날 수 있다. 예를 들어 적은 돈을 빌리고 갚지 않는 친구나 식당에서 계산서를 절대로 먼저 집지 않는 친구가 있을 것이다. 또는 서비스를 제공한 대가로 돈을 받는 전문가들이 고객이 약속을 파기해서 나타나지 않는 경우 금전적 대가를 전혀 받지 못하는 것을 용인해 버림으로써 간접적으로 과잉지원을 하기

도 한다. 이러한 행위를 용인하는 것은 다른 사람들이 재정적으로 무책임해지는 것을 지원하는 셈이다.

데니스(Denise)와 카라(Cara)는 부채를 얻어 빌딩을 리모델링하여, 여행사를 개업하였다. 데니스는 동업자와 아무런 논의 없이 대출금액 중 수천 달러를 대기실을 꾸미는 데 지출하였다. 카라는 이 지출비용이 사업에 비해 너무 과하다고 생각했고 그녀와 미리 의논하지 않은 데니스의 행동 때문에 기분이 몹시 상하였다. 그럼에도 그녀는 논쟁을 하고 싶지 않아 데니스에게 이의를 제기하지 않았다. 데니스의 어리석은 공동자금 사용에 대한 카라의 과잉지원은 결국은 사업 실패와 우정의 파괴를 초래하였다.

우리의 조사에 의하면 비록 어렵더라도 다른 이에게 돈을 준다는 것에 동의(10%)하고, 다른 사람의 이익을 위해서 그들의 재정적 웰빙을 희생한다에 동의하며(7%), 돈을 요청하면 거절을 못한다에 동의하는 (12%) 사람들의 경우 "돈과 관련한 사항만큼은 배우자에게 비밀로 해도 괜찮다."와 "다른 사람이 나보다 더 적은 돈을 가지고 있다면 나는 많은 돈을 가질 자격이 없다."에 더 많이 동의하는 경향을 보였다. 그들은 또한 "나는 항상 원하는 것보다 충분한 돈이 있다."에 동의하지 않는 경향을 보이는 것으로 나타났다.

우리는 또한 과다한 재정지원과 관계있는 머니스크립트를 다음과 같이 발견하였다.

- 만일 당신이 지금 자녀들을 보살핀다면, 그들이 당신을 나중에 돌봐줄 것이다.
- 돈을 주는 것은 사랑을 주는 것과 같다.

- 만일 당신이 충분히 갖고 있다면, 불우한 가족을 돌보는 것은 당신의 의무이다.
- 만일 당신이 다른 사람에게 재정적인 책임을 지우는 경우, 그들은 당신을 거부할 것이다.
- 친구나 가족들과 가깝게 지내는 방법 중의 하나는 그들에게 선물을 주거나 돈을 빌려주는 것이다.

만일 다음의 문장 중 어떤 것이라도 당신에게 적용이 된다면 당신은 과다한 재정지원자일 수 있다.

- 형편이 되지 않아도 다른 사람에게 돈을 준다.
- 자녀, 친구 또는 가족 구성원이 하는 금전 요청에 대해 거절하기 어렵다.
- 가족, 친구, 자선(다른 사람들을 돕는 것) 또는 고객의 이익을 위해나 자신의 재정적 웰빙을 희생한다.
- 대출 상환에 대한 분명한 합의나 논의 없이 돈을 주거나 빌려준다.
- 다른 사람에게 돈을 주고 난 후에 억울함과 분노를 느낀다.
- 내가 '은행'으로 간주되거나 이용당하고 있다고 느낀다.
- 돈을 빌려주고 그 사실을 배우자 또는 다른 가족 구성원에게 숨긴다.
- 다른 사람에게 돈을 빌려주고 난 후에, 그들이 대출 계약서를 이행하지 않을 경우에 책임을 묻는 것이 어렵다.

⟿ 재정적 의존 ⟾

과다한 재정지원과 대응되는 것은 재정적 의존이다. 일반적으로는 재정지원에 대해 부모에게 의존하고 있는 성인 자녀들에게 다양한 형태로 나타난다.

니콜(Nicole)의 가족력을 살펴보면, 그녀의 증조부는 작은 양복점으로 시작하여 불법 밀매를 통해 성공적인 체인화를 이루었다. 니콜은 그녀의 사촌들과 마찬가지로 신탁예금으로 매달 상당한 금액의 돈을 받는다. 그러나 니콜은 그녀의 가족이 가진 막대한 돈과 가족 재산의 근원에 대해 부끄러워했으며 그녀 자신에게 만족감을 주는 직장을 끊임없이 찾고 있다.

서른여섯 살인 니콜은 여전히 직장을 구하고 있다. 그녀는 소득 측면에서는 일할 필요가 없었지만, 유치원생을 가르쳤고, 유기농장에서 일을 했고, 비영리 환경단체에서 자원봉사 활동을 했으며, 3개의 학사학위와 2개의 석사학위를 취득하였다. 현재 그녀는 용접 클래스를 수강하고 있어서 금속 조각품을 만들 수 있게 된다. 그녀는 어떤 일에 결코 완전히 집중하지 못하고 하나가 조금 익숙해지면 다른 데로 옮겨갔다. 니콜은 일이나 대인관계에서 어떤 어려운 상황을 헤쳐 나가는 노력을 거의 하지 않았다. 어떤 일이 불편해지면 그만두고 도망가곤 함으로써 배우고 성장할 수 있는 기회를 놓쳤다.

코린(Corrine)의 부모는 그녀가 열 살 때 이혼했다. 성인으로서의 그녀의 삶은 점점 나빠졌다. 그녀는 아버지에게 돈을 부탁해야 하는 심각한 재정 위기를 몇 번이나 경험하였다. 그녀는 병원에서 우울증과 신경쇠약 진단을 받아 도움을 요청하였다. 아빠가 도착하면 그녀는 눈물을 흘리면서 고충을 토로하였다. 아버지는 그녀를 파산 상황에서 빼내기 위해 그가 할 수 있는 재정적인 지원을 다 하였다. 위기는 점점 더 악화되었다.

몇 년이 지나 코린이 또 다시 '우울성 에피소드'로 병원에 들어간 날 그녀의 고용주가 지난 4년 동안 그녀가 10만 달러를 횡령했다고 폭로했을 때 그녀의 아버지는 마침내 생각을 바꾸기로 했다. 아버지는 즉시 최고의 변호사를 불렀고 고용주의 손실을 보상할 수 있는 수표를 작성하였으며 코린에게 수만 달러를 주었다. 그런 후 그는 "이번이 마지막이다. 내가 살아 있는 동안 한 푼도 얻을 수 없을 것이다."며 "이제부터 네 문제는 네가 알아서 해라."라고 그녀에게 말했다.

과거에도 그는 그처럼 얘기하였지만 한 번도 끝까지 지킨 적이 없었다. 그러나 이번에는 그가 자신과의 약속을 지킬 수 있게 도와줄 전문가를 찾아갔다. 예상대로 6개월 후에 코린은 또 다른 재정 위기를 맞았고 아버지를 찾아갔다. 이번에는 아버지가 자신의 입장을 확고히 하며 거절했다.

몇 년간의 노력 끝에 코린은 서서히 자신의 재정에 대해서 책임을 지기 시작했다. 그녀는 연락을 끊고 보살피지 않는 아버지에게 화를 내었지만 결국 아버지와의 관계를 회복하였다. 비로소 그의 과다한 재정지원이 그녀의 무책임한 행동, 재정 위기와 정신적 우울증으로까지 연장시켰다는 것을 알 수 있었다. 코린의 아버지는 도와주려 한 것이었지만, 사실상 그녀로 하여금 자신의 행동에 대한 모든 결과를 온전히 경험하지 못하게 하였다. 결국 그녀가 그러한 결과들에 직면하기 전까지, 그녀에게는 동기가 없었고 변화할 수 없었던 것이다.

가족 안에서 일어나는 재정적 의존 관계에서 항상 자녀가 '의존자'

고 부모가 '제공자'인 것은 아니다. 도로건설 도급업자인 마일로(Milo)는 자신의 사업을 시작한 지 얼마 되지 않아 부자가 되었다. 그렇게 되자 미망인인 그의 어머니는 일을 그만두었고 "네가 나를 돌봐야 할 차례야."라고 말했다. 처음에는 마일로도 괜찮았다. 그러나 몇 년이 지나자 어머니의 요구는 점점 커져서 더 크고 좋은 집, 여행, 스파, 자동차를 기대하였다. 어느 날 그녀는 BMW 컨버터블의 가장 최신 모델을 원한다고 마일로에게 말했다. 그녀에겐 마일로가 사준 작년 모델의 차가 이미 있었고 그래서 마일로는 안 된다고 말을 하였다. 몇 년 동안 그는 자신이 버는 것보다 더 많은 돈을 지출하였고 파괴적인 금전 습관을 변화시키기 위해 재무상담가의 도움을 받고 있었다. 그러나 마일로의 어머니는 안 된다는 대답을 순순히 받아들이지 않았다. 그녀는 "그 자동차를 사줄 때까지 너와 말을 하지 않겠다."라고 아들에게 말했다.

그녀는 3년 넘게 그와 이야기를 하지 않았다. 마침내 마일로는 또 다른 새 자동차를 사서 그녀의 앞에 나타남으로써 관계를 회복하였다. 그 기간 동안 마일로의 재정 상태는 많이 좋아졌지만, 어머니의 재정 의존적인 패턴을 변화시킬 수는 없었다.

수채화 화가인 메리(Mary)는 상당히 인기 있는 화가였으며, 자신의 갤러리에 있는 작품들을 효과적으로 광고하는 능력이 있었다. 그녀는 부자가 되었으며, 자신의 갤러리에서 일을 했던 자크(Zach)와 결혼하였다. 자크는 농가에서 살기를 원했고 그녀는 자신이 사랑했던 도시의 타운하우스를 팔고 농장을 구입하였다. 그녀의 돈으로 농장을 구입했지만 공동명의로 하였다. 자크는 아마추어 농부가 되기 위해 갤러리에서의 일을 그만두었다. 메리는 그에게 매달 주던 봉급만큼을 농장경비로 그에게 주었다.

그러나 자크가 그들의 저축계좌에서 돈을 몰래 **빼**가고 있는 것을 그녀가 발견하면서 문제가 생겼다. 메리는 자신이 물주였다는 사실을 들먹이기를 원하지 않았다. 그녀는 그가 자신을 떠나는 것이 두려웠고 이엄청난 불행에 대해 자신의 책임이 있다는 것을 인정하기가 힘들었다. 그 결혼은 마침내 자크가 농장일과 메리에게 질려서 젊은 여자와 함께재산의 반을 들고 떠날 때까지 수년 동안 지속되었다. 그 문제를 다루길두려워한 만큼의 분노가 쌓였고 결국 그들 스스로가 결혼을 망가뜨린과다한 재정지원과 이에 의존했던 의존자의 패턴을 고수하였다.

앞의 예보다 덜 극단적인 경우에도 재정적 의존의 결과는 여전히 파괴적이다. 그것은 여성들이 학대 관계를 유지하는 주된 이유이다. 학대자는 대개 가족의 재정을 통제하고, 배우자가 집 밖에서 일하는 것을 막고, 무능하다는 느낌을 주며 그들을 괴롭힌다. 재정적 의존은 배우자를폭력적인 상태에 머물게 하기도 한다. 결혼 생활이 폭력적이지 않다고하더라도 재정 균형 또는 독립성이 부족한 관계는 스트레스와 종속적인관계의 원인이 될 수 있다.

미국 사회에서 증가하고 있는 재정적 의존의 또 다른 형태는 부모에게 다시 되돌아오는 젊은 '부메랑 세대'이다. 젊은 사람들은 처음에는독립해서 살다가 어느 날 그들이 익숙하고 기대했던 중상위 계층의 삶을 살 수 없다는 것을 발견하게 된다. 결국 그들은 원래 집으로 다시 돌아오고 재정적인 어려움을 피하기 위해 부모에게 의존하거나 또는 부모의 지원금으로 그들의 부족한 소득을 보충한다.

우리 조사에 의하면 8%의 응답자가 소득의 상당 부분이 그들이 직접벌지 않은 돈이라는 것에 '동의'하거나 '강한 동의'를 하는 것으로 나타났고, 4%의 응답자가 그들의 불로소득은 동기, 열정, 창의력과 성공에 대한 추진력을 억누른다는 것에 '동의' 또는 '강한 동의'를 하였다. 재정적으로 의존적인 사람들은 "나는 충분한 돈이 있어도 열심히 일을 해야 한다."라는 믿음에 동의하지 않는 경향이 있었다. 그들은 또한 "나는 새 것이 아닌 것은 사지 않는다(예 : 자동차나 주택)."는 문장에 보다 많이 동의하는 경향이 있었다.

재정적으로 의존적인 고객에게서 발견한 또 다른 머니스크립트는 다음과 같다.

- 돈에 관해 도움 받을 수 있는 누군가가 항상 있다.
- 재정적으로 혼자 해결할 능력이 있지 않다.
- 돈을 관리하는 방법을 배울 필요가 없다.

만일 다음의 문장 중 해당되는 것이 있다면 당신은 재정적 의존의 문제가 있을 수 있다.

- 내 소득의 상당 부분이 내가 벌지 않은 돈이다.
- 재정적 위기에 대한 나의 첫 번째 대응은 부모님이나, 다른 가족 구성원에게 돈을 요청하는 것이다.
- 가족으로부터 상환에 대한 명확한 합의나 논의 없이 돈을 받는다.
- 내가 받은 돈과 관련해서 분노와 억울함을 느낀다.
- 내가 다른 사람의 재정적 도움 없이 자립하게 된다는 것이 두렵다.
- 불로소득이 끊긴다는 것은 상당히 두려운 일이다.
- 다른 사람에게 받은 돈은 나의 동기, 열정, 창의력, 성취에 대한 추진력을 억누른다고 믿는다.

자녀와의 부적절한 재정공유

재정공유(financial incest)는 낯선 용어처럼 보일 것이다. 우리는 여기에서 공유(incest)를 성인들의 요구를 충족시키기 위해 또는 어른들의 문제를 해결하기 위해 자신의 자녀를 이용하는 것으로 정의한다. 지금까지 재정공유는 상대적으로 논의되지 않았던 주제이다. 그러나 다음의 사례는 모두 고객들의 실제 사건에 근거한 것이며, 재정공유가 얼마나 만연해 있는지를 보여준다.

케빈(Kevin)의 어머니는 8개월 전에 이혼한 이후로 남편이 보낸 자녀 양육비를 자신의 자동차와 모피코트를 사기 위해 사용하였고, 할부로 토지를 구입하였으며, 장기 여행을 다녀왔다. 최근에 케빈은 학교의 하키 프로그램에 참가하기 위해 엄마에게 돈을 달라고 했다. 그러자 그녀는 "아빠한테 말하렴. 아빠가 나에게 돈을 보내면 네가 하키를 할 수 있어."라고 말했다. 케빈이 하키를 사기 위해서 아버지에게 돈을 요구했을 때, 그의 아버지는 "네 엄마가 하키비용을 지불할 수 있어! 나는 판사가 나에게 지불해야 한다고 한 금액보다 더 많은 돈을 매달 주고 있다구! 네 엄마가 새 차 산 것을 알지? 그게 네 돈이었다. 새로운 모피코트는? 그것도 너의 돈이다. 얼마 전에 캘리포니아에 있는 이모 캐럴(Carol)을 만나고 온 여행경비도 네 돈이었어."라고 소리 질렀다. 케빈은 9살이었다.

열두 살 부룩(Brooke)과 열 살인 에릭(Eric)은 이혼한 엄마와 새아빠, 새아빠 사이의 두 아들과 같이 살았다. 함께 외식을 하러 갈 때면 그들에겐 음료수나 디저트를 주문하는 것이 허락되지 않았고 오직 메뉴에 있는 한 가지 음식만 주문할 수 있었다. 엄마, 새아빠, 그리고 의붓형제는 그들이 원하는 것을 무엇이든지 주문했다. 부룩과 에릭이 엄마에게 불평했을 때, "이것은 네 아빠의 잘못이니 아빠에게 이야기해! 만일 네 아빠가 양육비를 더 많이 줬다면, 너 또한 원하는 것은 무엇이든 주문할 수 있었을 거야."라고 말했다.

시드(Sid)의 아내는 그가 알코올중독으로 음주운전을 해서 직장을 잃은 이후 시드를 떠났다. 시드는 계속해서 술을 마셨고 더 깊은 우울증과 가난에 빠졌다. 그는 아르바이트를 해서 겨우 식료품을 사고 아파트 비용을 지불하였다. 아들인 조쉬(Josh)는 이혼 당시에 열두 살이었고 엄마와 함께 살면서 주말마다 아버지를 만났다. 그때마다 조쉬는 항상 엄마 집에서 식료품을 챙겨 배낭 가득 채워 갔다. 그는 아버지를 도와야 한다고 믿었다.

할란(Harlan)과 아델(Adele)은 결혼 생활을 거의 30년 동안 해오면서 돈에 관한 이야기를 한 적이 없었다. 아델이 가정을 돌보고 세 자녀를 기르는 동안 일중독자인 할란은 하루 종일 사무실에서 지냈다. 지난 몇 년 동안 아델은 재정 관련 문제에 대해 아들에게 조언을 구하였다. 그는 12~13세 되었을 때부터 어머니가 가족의 예산을 계획하고 집수리에 관한 결정을 하는 것을 도왔다. 루크(Luke)는 어머니가 그의 두 여동생을 위해 사치스러운 드레스 같은 것들을 구입하는 데 돈을 쓰는 것을 아버지가 알지 못하도록 협조했다. 성인이 된 루크는 여전히 어머니와 재정 문제에 관해 논의하는 조력자이다.

이러한 사례에서 보듯이 부모들은 아이들과의 적정한 선을 깨뜨리고 아이들에게 손해를 입히기까지 한다. 이혼한 부모들은 자녀들에게 이전 배우자에 대한 분노와 불만을 표출하면서 감정적인 카타르시스를 성취하고 있다. 결과적으로 자녀들은 자기 스스로에 대해 부정적 감정을 갖게 된다. 아이들이 부모 중 한 사람과 더 가깝게 지낸다고 할지라도 아이들이 다른 부모와 연락하고 사랑하는 것을 못하게 할 수는 없다. 게다가 아이들은 부모가 서로 비난하는 어떤 특성을 자신도 가졌다고 생각할 수 있다. 재정공유는 재정적 문제를 야기하고 종국에는 아이를 다치게 한다는 것이 우리가 말하고자 하는 것이다.

돈에 대한 언급을 금기시하는 것은 돈에 대한 큰 수치심과 긴장이 그 원인이다. 그러나 재정공유는 금전에 대해서 어디에서 이야기하는가가 문제가 되는 상황이다. 재정공유는 부모가 가진 두려움, 스트레스, 대인관계 문제, 지원의 부족, 그리고 파괴적인 머니스크립트의 결과로써 아이들을 부적절하게 어른의 재정문제와 의사결정에 개입시켰을 때 발생한다. 이것은 아이들에게 재정문제에 대해 너무 많이 말하는 것, 아이들에게 채권자에게 거짓말이나 연기를 하라고 요구하는 것, 기타 어른들이 책임져야 하는 재정문제들을 아이들에게 맡기는 등의 형태로 나타난다.

또한 재정공유는 루크의 경우처럼 한 부모가 배우자 대신에 자녀와 재정 정보와 책임을 공유했을 때 발생하기도 한다. 이것은 미성년자뿐만 아니라 성인 자녀에게도 발생할 수 있다. 만일 남편과 아내가 재정적 파트너가 될 수 없다면, 그들 중 한 명이 돈에 관해 자녀와 동반자가 되는 형태를 보일 수 있다. 윌(Will)의 아빠가 그의 엄마가 알지 못하도록 지시하며 슬며시 추가로 50달러를 주는 단순한 행위도 재정공유의 한 형태이다. 부모 중 한 명이 아이에게 자신들의 재정적 비밀을 지키도록 요청하는 것이다.

재정적 어려움을 자녀에게 얘기하는 것이 반드시 재정공유를 의미하지는 않는다. 오히려 자녀들과의 적절한 대화는 바람직할 수 있다. 만일 가족이 재정 위기에 처했다면 아이들에게 진실을 알려주는 것이 중요하다. 만일 아빠가 직장을 잃고 모아둔 돈도 없을 때, 이 사실을 자녀들에게 설명하는 것은 그들에게 무슨 일이 일어나는지 이해하는 데 도움이 될 수 있고, 위기가 해결될 때까지 검소하게 살기 위해 자녀들에게 도움을 요청할 수 있다. 그러나 동시에 자녀들은 엄마와 아빠가 어려운 상황에 처했을 때 재정문제를 처리하는 것을 재확인할 필요가 있다. 부모의 역할은 가족을 돌보는 것이지 자녀들에게 자신의 불안과 두려움을 전가하여 자신들의 정서적인 안정을 찾는 것이 아니다.

이혼은 가족을 재정공유 문제에 특히 취약하게 만들 수 있다. 부모들은 자녀 양육과 관련해 돈에 관한 분쟁의 중개자로 아이들을 이용할 수도 있고, 그들의 이전 배우자 대신에 자녀들을 향해 화를 표출할 수도 있다. 어떤 부모는 자책하는 기분으로 부적절하게 자녀들에게 재정적 걱정거리를 의논하거나 또는 재정적 결정을 내리는 데 아이에게 도움을 요청할 수 있다. 새 배우자는 때때로 의붓자식을 지원하는 것을 억울하게 여기고, 재혼한 부모들은 재혼 상대방에게 재정적 비밀을 유지하기 위해서 자신의 자녀들과 공모하기도 한다.

자녀들에게 재정공유는 혼란스러울 수 있다. 한편으로 어른들의 문제에 대해 비밀을 알게 되는 것은 자녀들로 하여금 본인이 독특하고, 특별하고, 중요하며 성인에 가까워졌다고 느끼게 한다. 그러나 그들이 재정적 상황을 해결하고 또는 정서적 안정감이나 안도감을 어른에게 줄 수 있는 지식이 없기 때문에, 그들은 변함없이 부족하고 무능하다는 감정에 처하게 된다.

재정공유는 또한 아이들이 문제를 다룰 준비가 되기도 전에 어른들의 걱정거리 영역으로 그들을 밀어 넣는 것이다. 이것은 두려움, 분노, 불신 등의 지속적인 감정을 발생시킬 수 있다. 우리 조사에서 11%의 응답자가 그들의 미성년 자녀에게 재정적인 스트레스를 이야기하는 것에 대해 '조금 동의'라고 응답하였고, 자녀에게 이야기한 후에 기분이 더 좋아졌다는 것에 '조금 동의'한다고 5%가 응답하였다. 그들이 자녀가 있는지 없는지는 응답자에게 질문하지 않았기 때문에 그들 중 일부는 자녀가 없었을 수 있다. 만일 우리가 부모만을 상대로 표본을 수집했다면 사실상 이 퍼센트는 더 높아질 것으로 추측된다.

고객들을 통해 우리는 "나는 스스로 돈문제를 해결할 수 없어."와 "내가 어떻게 하는지 모르기 때문에 누군가는 돈을 관리해 주었으면 한다."라는 머니스크립트가 재정공유와 관계가 있음을 알았다.

다음의 문장이 당신의 삶과 관련이 있다면 재정공유가 있을 수 있다.

- 내 자녀(들)는 나의 재정문제들을 해결하는 데 적극적인 역할을 한다.
- 나의 재정 상황을 자녀(들)에게 자세하게 이야기한 후에 안도감을 느낀다.
- 자녀(들)에게 어른들 사이의 재정문제에 관한 메시지를 전달하라고 요청한다.
- 자녀(들)와 함께 재정 정보를 공유하지만 같은 정보를 배우자에게는 비밀로 한다.

⟶ 가족의 머니스크립트를 찾아라 ⟵

당신의 머니스크립트를 추적하는 것은 자신의 돈에 대한 믿음과 걱정을 깊게 통찰할 수 있는 훌륭한 훈련이다. 이것은 또한 당신과 다른 가족 구성원들의 돈과 관련한 행위를 부분적으로 이해하는 데 도움이 될 것이다. 일반적으로 머니스크립트를 규명하는 단계는 당신의 부모님과 다른 가족 구성원들에게 돈과 관련된 그들의 어린 시절의 환경과 경험을 이야기하도록 하는 것이다. 만일 그런 것이 불편하다면 특별히 머니스크립트에 관해 논의할 필요는 없고, 단지 다른 사람들에게 돈에 대해서 믿고 있는 것을 밝힐 수 있는 기회를 주어라. 가족 중의 누군가가 가계도 연구를 한 적이 있다면, 그러한 결과들은 돈과 관련 있는 유용한 정보의 원천이 될 수 있다.

당신이 찾을 수 있는 모든 가족 이야기를 수집한다면, 아래 연습을 해 보면서 당신의 '재정적 가계도'에 함께 반영할 수 있다.

재정적 가계도

이 연습의 목적은 당신이 가진 머니스크립트의 근원일 수도 있는 세대 간 재정 패턴을 찾아내는 것을 도와주는 것이다.

큰 종이에 당신의 가계도를 그려라. 종이의 가운데나 아래, 또는 맨 위에 당신 이름을 박스로 그리거나 밑줄을 그려 시작하라. 그런 다음 당신의 부모님, 조부모님, 그리고 증조부모님을 추가하여라. 당신의 형제자매, 부모의 형제자매(이복형제도 포함), 당신 사촌, 그리고 다른 친척을 포함하여라. 어머니 쪽과 아버지 쪽 가족들에 대한 것을 별도로 그리는 것이 더 편할 것이다.

원한다면 컴퓨터를 사용할 수도 있다. 가계도를 편하게 그릴 수 있는 다양한 프로그램이 있다. 중요한 것은 쉽게 이해할 수 있는 도표나 다이어그램을 만드는 것이다.

가계의 구성원 각자에 대해 당신이 알고 있거나 그 사람의 재정 상황이나 행동에 대해서 짐작할 수 있는 것들을 간단히 적어라. 여기에 몇 개의 예가 있다.

어머니 쪽의 증조할머니 젊을 때 혼자 스웨덴에서 이민을 와서 남편과 함께 농사를 지으면서 살았고, 40대에 미망인이 되어 아들들과 함께 농장을 운영하였으며, 자녀들이 성장한 후에도 경제권과 결정권을 계속 쥐고 있었다.

어머니 쪽의 할머니 알코올중독과 만성적 실업자였던 남편과 이혼했고, 1930년대에 두 명의 어린 자녀와 함께 가족 농장으로 돌아와서 열심히 일했지만 그녀가 50대가 되고 어머니가 돌아가실 때까지 어머니에게 재정적으로 의존하였다. 그 후 그녀와 남동생은 농장을 유산으로 물려받았고 같이 운영하였다.

어머니 남동생이 가족 농장을 물려받았고 자신은 약간의 현금을 가지고 있었는데, 자녀들의 대학교 등록금으로 사용하였다. 남편의 법률 사무소에서 무급 경리로 일을 하였지만 자신을 '전업주부'라고 불렀으며, 가족의 재정을 관리하였고, 어려웠던 젊은 시절에도 아껴서 자녀들에게 아낌없이 주었으며 자신을 위해 돈을 쓰는 것에는 인색했다.

나(여성) 절약가, 자식을 위한 자기희생, 아주 적은 자본으로 남편과 함께 조경사업을 시작하였다. 그는 "나의 절약과 좋은 관리가 없었다면 우리가 열심히 일했어도 성공하지 못했을 거야."라고 말한다.

당신이 할 수 있는 한 완벽하게 가계도를 작성한 다음, 자세히 살펴보고 그 속에서 보이는 금전관과 행동 패턴을 찾아라. 가족 패턴의 일부로써 내가 가지고 있다고 생각되는 모든 머니스크립트를 작성하라.

위에 있는 사례에서 다음과 같은 가족 머니스크립트를 도출할 수 있을 것이다.

- 여자들이 가족 재정을 관리해야 한다.
- 재정적으로 남자에게 의존하지 마라.
- 열심히 일하고 절약하는 것은 당신을 성공하게 만들 것이다.
- 엄마들은 자기희생을 하고 자신을 위한 무언가를 원하지 않아야 한다.

돈에 대한 사고방식 바꾸기 : 당신 가족의 머니스크립트

돈에 대한 어떤 믿음과 행동 패턴이 당신 가족에게 영향을 주었는가? 잘못된 머니스크립트는 세대에서 다음 세대로 전해 내려오는 잘못된 재정 행동의 패턴을 만들어 낼 수 있다. 이러한 패턴들은 재정적 고통과 스트레스라는 유산이 된다. 그러나 가족 내에서 그러한 패턴을 파악하게 된다면 당신은 그것을 변화시키거나 돈에 대해 더 균형 잡힌 관계를 만들 수 있는 기회를 갖게 된다. 이렇게 함으로써 당신은 자녀와 손자들을 위해 오래 자리 잡은 패턴을 바꾸고 더 건강한 금전적 유산을 창출할 수 있다.

8

재무치료 : 머니스크립트
재정립하기 – 다섯 가지 단계

◆

Wired

for

Wealth

◆

· 제8장 ·
재무치료 : 머니스크립트
재정립하기 – 다섯 가지 단계

자신의 머니스크립트를 확인하고 그 머니스크립
트의 근원을 이해하는 것은 당신의 재무 컴포트 존을 확장시키고 재정
적으로 보다 균형 잡힌 삶을 만들기 위한 필수단계이다. 이전 장을 읽으
면서 당신은 여러 개의 머니스크립트를 보면서 "아, 맞아, 정말 그래!"
라고 했을 것이다. 때로는 "이런 생각이 나를 이렇게 만든 줄은 몰랐어!
이렇게 말도 안 되는 재정 상황들이 어디서부터 시작되었는지 알았어!
나는 변화가 필요해!"라는 깨달음을 얻기도 했을 것이다.

이런 새로운 깨달음은 당신의 돈과 관련한 행동이 과거와 달라지도록
할 수도 있다. 어떤 사람들에게는 그들의 재정적 삶의 중요한 부분에서
변화가 반드시 필요하다는 것을 깨닫는 것만으로도 변화가 일어나기도
한다.

그러나 단순히 머니스크립트를 인지하는 것만으로는 당신의 머니스
크립트를 균형 있고 정확한 믿음으로 변화시키기에 충분하지 않을 수
있다. 바꾸기 힘든 몇몇 머니스크립트를 변화시키기 위해 이번 장에서
는 재정건전성을 방해하는 머니스크립트에 관해 재정립함으로써 금전

에 대한 당신의 사고방식을 바꾸게 도와주는 5단계 과정에 관해 설명할 것이다.

이전에 출간한 *The Financial Wisdom of Ebenezer Scrooge: 5 Principles to Transform Your Relationship with Money*(HCI, 2008)에서 이 단계를 소개한 바 있다. 이 책에서는 찰스 디킨스의 오래된 이야기인 **크리스마스 캐럴**을 모티브로 하여, 부자였지만 비참했던 구두쇠 스크루지의 삶과 인식의 변화를 5단계 과정을 통해 현대 심리학의 관점에서 돈과의 관계를 어떻게 변화시킬 수 있는지를 설명하였다. 이번 장에서는 사람들의 금전 인식을 변화시키고 잠재된 부를 일깨우기 위해 5단계 과정의 각 단계를 통하여 아주 효과적으로 고객들을 움직이게 하는 추가적인 방법들을 설명하고자 한다.

5단계는 다음과 같다.

1. 두려움과 맞서라.
2. 과거를 찾아가라.
3. 현재를 이해하라.
4. 미래를 구상하라.
5. 인생을 변화시켜라.

성공적으로 행동을 변화시키기 위해 우선적으로 충족시켜야 할 세 가지 조건이 있다. 첫 번째, 변화가 필요하다는 것을 믿어야 한다는 것이다. 말은 쉽지만 이것은 결코 쉬운 일이 아니다. 사람은 믿을 수 없을 만큼 굉장히 강할 뿐만 아니라 유능하다. 이 단계들을 시작하기 전에, 우리의 삶에 반드시 변화가 필요하고 다른 행동을 해야만 한다는 사실을 인정해야 한다.

변화를 위해 필요한 두 번째 조건은 자신감이다. 변화가 필요하다는 것을 깨달았다고 할지라도 실제 변화가 일어나기 위해서는 추가적인 지식이나 방법이 필요할 수 있다. 우리가 늘 해오던 것을 대신해서 해야 하는 것은 무엇인지, 어떻게 변화를 시작할 수 있는지, 그리고 우리를 변화시킬 수 있는 유용한 지식이 무엇인지에 관해 배우는 것은 변화하는 과정 안에서 우리의 자신감을 키워줄 수 있다. 우리가 가지고 있는 능력이 우리를 변화시킬 수 있다는 믿음은 변화를 이루어 냄에 있어 필수적이다.

세 번째 조건은 변화에 대한 우리의 의지이다. 변화는 종종 상당히 많은 시간과 노력을 필요로 한다. 변화는 일시적으로 우리의 삶을 방해할 수도 있으며 상황이 좋아지기보다는 도리어 악화되고 있다고 느끼게 할 수도 있다. 우리의 삶을 더 나아지게 만들기 위해 변화를 준비해야 하고 반드시 해내고야 만다는 의지를 가져야 한다는 사실을 명확히 인지하고 있어야 한다.

이 장에서 설명하는 각 단계를 따름으로써 당신의 머니스크립트를 성공적으로 바꿀 수 있는 것이다. 각 섹션에서는 당신이 변화하도록 도와주기 위한 한 가지 이상의 연습들을 제시할 것이다. 우리는 이러한 연습을 고객들과 수년 동안 해왔고 어떤 이에게는 놀라운 변화가 생겼던 것을 목격했다.

혼자서 이러한 연습을 하는 것만으로도 많은 것을 배울 수 있다. 하지만 많은 사람들과 연습을 하는 과정과 경험을 서로 공유함으로써 추가적인 중요한 사실을 발견하게 된다. 자신을 바꾸기가 힘들다는 것이 우리의 가장 강력한 머니스크립트이다. 우리는 당신이 자신의 금전 행위를 돌아보는 것에 관심을 가진 다른 사람을 도와줄 것을 권한다.

⟶ 1단계 : 두려움과 맞서라 ⟶

이 단계를 시작하면서 돈이 당신 삶의 모든 면을 좌지우지하지는 않는다는 믿음을 갖길 바란다. 3분의 1 이상의 미국인이 그들의 재정적 현실에 대해 생각하지 않으려 애쓴다는 조사결과를 고려한다면 두려움과 맞선다는 것은 말처럼 쉬운 일이 아니다.

두려움과 맞선다는 것은 문제가 있다는 것을 전혀 인정하지 않는 태도 또는 모든 문제의 원인을 외부 환경으로 돌리는 태도에서부터 엄청난 변화를 필요로 하는 것이다. 당신의 재정적인 스트레스를 전적으로 부모, 직장 상사, 배우자, 부동산 가격 하락, 악랄한 대출 관행, 또는 특정 주식시장의 하락 탓으로 돌리는 것은 단기적으로는 정신적 위로를 받을 수도 있지만, 장기적으로는 당신을 힘없는 피해자의 역할에 머물게 할 것이다. 이런 태도는 미래에 당신이 비슷한 상황에 처했을 때 비이성적인 행동을 하거나 두려움 때문에 아무 행동이나 할 가능성을 키운다. 당신에게 재정적으로 어떤 일이 일어났을 때 그것을 전혀 통제할 수 없다고 믿고 있다면, 당신은 과도한 위험을 감수하고 있든지 또는 전혀 위험을 감수하지 않고 있는 것이며, 이 두 상황 모두 당신의 재정건전성에 손실을 주게 된다.

아이러니하게도 당신의 인생을 변화시키는 진짜 힘은 당신의 재정적 불행에 대한 책임을 인정하고 그 두려움과 맞서는 것이다. 재정적 어려움을 만들어 냈던 원인을 스스로 인정하는 것만으로도 당신에겐 힘이 생길 것이고 재정적 삶을 통제할 수 있게 될 것이다. 이것이 그 시점에서 당신이 할 수 있는 최선이다. 당신의 실수는 동정심을 가지고, 자신을 용서하며 움직이되(변화되어) 그 실수가 본인 스스로 한 것이라는 사실을 인정해야 한다.

재정적인 어려움을 만들어 내는 머니스크립트와 당신이 이제껏 해왔던 잘못된 행동을 인정하는 것이 당신의 재정 상황을 압박하는 머니스크립트에서 벗어나는 첫 번째 단계이다. 이것이 당신으로 하여금 금전인식을 변화시키고 잠재적 부를 일깨우는 첫 번째 단계이다.

나는 반드시 해야만 한다

변화할 필요가 있거나 반드시 변화해야만 하는 돈과 관련된 당신의 행동들을 적어라. 3개에서 5개 정도의 항목부터 시작하라. 중요할 뿐만 아니라 최고 관심사였음에도 당신이 이제껏 행동으로 옮기지 못했던 것들을 해야 한다. 예를 들어 유언장 작성하기, 은퇴를 위한 저축하기, 저축액 늘리기, 대출금 상환하기, 연료 효율이 좋거나 더 믿을 만한 자동차 구입하기, 가족이나 친구에게 빌린 돈 갚기, 신용카드 사용 제한 또는 사용 중지하기, 집수리하기와 같은 것들이 있을 것이다.

각 항목에 대해 관련해서 일어날 수 있는 돈과 관련된 상황들을 생각해 보면서 스스로에게 다음의 질문들을 해보자.

- 당신이 변화해야 한다고 생각하는 돈과 관련된 행동을 생각할 때 어떤 기분이 드는가?
- 이를 위해 추가로 필요한 정보는 무엇인가?
- 다른 사람의 도움이나 협조가 필요한가?
- 그것은 당신의 인생이 변할 정도로 영향을 주는 사건인가? 그렇다

면 그 영향은 무엇인가?

- 이 변화는 당신이 시간과 노력을 들일 만큼 충분히 중요한가?
- 얼마나 많은 비용이 드는가?
- 이 변화는 정말로 가치가 있는 것인가?
- 변화를 지지해 주는 사람은 누구인가?
- 변화를 좌절시키는 사람은 누구인가?
- 변화를 했을 때 장점과 단점은 무엇인가?
- 변화하지 않았을 때 일어날 수 있는 최악의 시나리오는 무엇인가?
- 최악의 시나리오 상태에서 살 수 있는가?

이러한 질문에 대답한 이후에 변화를 위해 시작할 항목들의 우선순위를 정해 보자. 모든 항목에 대해서 행동을 시작할 준비가 되어 있을 수도 있고, 또는 오로지 한 개의 항목에 대해서만 준비가 되어 있거나, 어쩌면 전혀 행동을 시작할 준비가 되어 있지 않을 수도 있다. 어떠한 경우라도 변화할 준비가 되기 전에 서두르지 않아야 한다. 변화가 정말 중요하다는 것에 대한 확신이 없는 상태에서의 시작은 결코 성공적인 마무리로 이어질 수 없다. 점수를 매기거나 또는 중요성에 의한 판단을 하든지 간에 변화에 따른 장점의 크기가 단점보다 커질 때까지는, 현재 당신의 위치에서 생각을 열고 마음을 주시하고 있는 것이 최선일 때가 많다.

머니 지도를 만들어라

머니 지도(money map)는 당신의 머니스크립트를 쉽게 이해하도록 하며, 돈과 당신과의 관계 형성이 어떻게 이루어졌는지를 알 수 있게 도와준다. 이것은 당신의 재무 행동 패턴에 대한 이해를 얻는 데 특히 도움이 된다. 이 과정을 통해 당신의 금전 행동을 이끄는 믿음에 영향을 준 과거로부터 돈과의 관계가 어떻게 변형되어 왔는지에 대한 더 깊은 이해를 얻을 수 있다. 이런 연습은 어떤 강한 감정을 일으킬 수도 있다. 우리는 당신이 이러한 감정에 집중하거나 표현하는 것 그리고 어떤 중요한 생각이나 떠오르는 생각을 적어 보기를 권한다. 만일 이러한 깨달음이나 이해를 당신의 배우자, 심리치료사, 재정조언자, 또는 친구와 같이 신뢰하는 사람들과 공유할 수 있다면 이것 또한 도움이 된다.

다음의 방법으로 머니 지도를 만들어라.

1. 어린 시절로 돌아가서 생각해 보자. 정확한 나이는 중요하지 않다. 그냥 당신의 마음속에 있는 '내가 어렸을 때'의 특정한 순간을 골라라. 할 수 있다면 마음의 눈으로 그 시절을 그려 보아라.

2. A4 크기 이상의 종이를 준비하라. 어렸을 때 가족 안에서의 당신의 위치가 어디에 있는지 정사각형으로 종이에 표현하여라. 사각형의 크기와 위치는 가족 안에서 당신의 위치에 대한 인식을 반영할 수 있다.

3. 가족에서 중요한 남성들을 삼각형으로 그려 넣어라. 각 삼각형의 크기와 위치는 그 사람의 영향력과 위치를 표현할 수 있다. 아버지와 같은 가장 중요한 남성부터 그린 다음, 다른 중요한 남성을 그려라. 삼각형 안에 약자를 써서 누구인지 구분하여라.

4. 동일한 방법으로 가족 안에서 중요한 여성을 원으로 그려라. 마찬가지로 엄마를 가장 중요한 여성으로 먼저 그려라.

5. 사람이 아닌 사물이나 영향력이 있는 것들을 직사각형으로 표현하여라. 중요한 애완동물이나 종교, 일, 정신질환, 신체질환, 이혼,

전쟁이나 알코올과 마약 같은 것이 포함될 수 있다.

6. 물리적인 물체는 아니더라도 상황에 영향을 주는 여타 요인들을 표현하여라. 아마 유령과 같은 것이 언급될 수 있다. 과거의 사건이나 어떤 사람의 죽음 같은 것이 포함될 수 있다. 이러한 것들은 동그라미, 삼각형, 직사각형으로 표현해서 관련된 사람이나 사물에 점선으로 연결한다.

7. 각 캐릭터들의 돈, 부, 가난한 정도와 같은 돈과의 관계를 보여주기 위해 화폐 표시(₩)[13]를 사용하여라. 많은 다양한 관계를 표현하기 위해 기호는 변경할 수 있다. 예를 들어 많은 화폐 표시는 중요한 영향력을 나타내는 반면, 적은 화폐 표시는 작은 영향력을 나타낼 수 있다. 특정 X에 부여된 한 개의 '₩' 표시는 가난을 나타내는 반면 '₩₩₩'는 많은 자산을 표현하는 것이다. 정지신호(팔각형) 안에 있는 화폐 표시는 돈에 대해서 말하는 것을 좋아하지 않거나 돈에 관해 숨기는 것이 많은 사람들을 나타낼 수도 있다. 이러한 관계를 표현하는 방법에 당신의 상상력을 이용하라.

8. 지도에 표현되어 있는 사람들 간의 돈의 흐름을 나타내는 화살표를 그려라. 누가 누구에게 돈을 주고 있는지? 누가 가족 구성원 안으로 돈을 갖고 오는지? 누가 가족 구성원 밖으로 돈을 가져가고 잃어버리는지?

이제 당신의 머니 지도를 다음의 지시사항들을 반영하여 완성하라. 당신이 적은 대답은 나중에 다시 본인의 생각을 검토하는 데 사용될 수

---

[13] 역주 : 원본의 $를 ₩으로 바꾸어 본문에 사용함

있으며, 전문가나 친구들과 정보를 공유하는 데 도움이 될 것이다.

9. 당신이 완성시킨 그림을 바탕으로, 이러한 경험의 결과로 생긴 돈이나 부에 관한 믿음이나 태도가 누구에게서 비롯된 것인지를 규명하라.

10. 이런 잘못된 메시지가 가족 구성원 각각과 가족 전체의 재정건전성에 어떻게 나쁜 영향을 끼쳤는지의 정도를 결정하라. 0점에서 10점까지의 단위를 사용하여 그것들을 평가하라. 0점은 전혀 영향이 없다는 것을 의미하고, 10점은 절대적인 영향임을 나타낸다. 더 강한 감정과 연결되어 만들어진 신념은 그 믿음의 변경, 확장 또는 변화에 더욱 강한 저항을 나타낸다.

11. 이러한 메시지를 얼마나 체득하였는지, 그리고 당신 인생 전체를 통해 이를 전혀 의식하지 않았는지 아니면 조금은 의식하고 행동해 왔는지를 검토하라. 이러한 믿음들을 보여준 실제적인 행동이나 구체적인 사건을 나열하여라.

12. 당신이 규명한 중요한 믿음에 대해 당신이 경험한 감정적, 관계적, 재정적 결과들을 긍정적인 면과 부정적인 면 모두 포함하여 나열하여라.

13. 당신의 인생에서 고통스러웠던 재정 경험들을 되돌아보고, 가족으로부터 비롯된 돈과 부에 관한 어떠한 믿음과 태도가 당신의 행동과 고통스러운 경험에 영향을 주었는지 규명하여라.

이 과정을 진행하는 것이 어려울 수 있다. 그렇다 하더라도 당신이 마친 이 연습이 쓸모없다든지 또는 무언가 잘못되었음을 의미하지는 않는다. 당신의 머니 지도와 노트를 저장하라. 본인 자신이나 재정조언자, 심리치료사와 함께 특정 시점으로 돌아가 더 심도 있는 연습을 할 수도 있다. 당신은 아마도 자신이 겪었던 가장 힘든 부분에 집중하면서 깊은 이해를 얻고자 할 수도 있다.

2단계 : 과거를 찾아가라

이제 당신이 당신 앞에 놓인 재정적인 현실에 대해 솔직해지고, 당신의 머니스크립트를 규명했다면, 당신의 머니스크립트에 대한 더 깊은 이해를 얻기 위해 당신의 과거를 찾아갈 준비가 된 것이다. 이런 연습은 당신의 과거에 있었던 특별한 사건 그리고 돈과 관련된 관계나 머니스크립트를 형성하는 중요한 감정을 조사해 봄으로써 당신의 개인적인 머니스크립트에 관해 알 수 있게 한다. 과거로의 방문은 불편한 감정들을 불러일으킬 수도 있지만, 반대로 이러한 감정들을 풀어낼 기회를 제공할 것이다. 이것은 당신의 머니스크립트가 유발된 상황들을 이해하는 데 도움을 줄 수 있다.

돈과 관련된 이야기

당신의 머니스크립트를 발견하는 것은 당신과 돈이 관련된 이야기들을 풀어내는 과정이다. 이것은 돈과 관련된 당신의 신념이 당신의 일대기 형성에 어떠한 영향을 미쳤는지를 보여준다.

어린 시절로 되돌아가서 돈과 관련해서 가장 뚜렷한 기억에 중점을 두고 당신의 머니 스토리를 적어 보아라. 돈이나 돈의 사용방법과 관련된 최초의 기억은 무엇인가? 돈과 관련한 긍정적인 경험은 무엇인가?

돈과 관련하여 고통스러운 기억은 무엇인가? 이러한 경험은 다른 사람의 관점에서 중요하지 않을 수도 있다. 다른 사람에게는 별것 아닌 사건이 당신에게는 아주 중요한 것일 수 있다. 중요한 것은 본인의 마음속에서 가장 중요하다고 생각되는 일들을 찾아내는 것이다.

다음으로 각 경험 옆에 그 사건에 대한 당신의 감정을 표현하는 단어를 적어라. 그것은 화남, 좌절감, 슬픔, 곤란함, 행복, 흥분, 기쁨, 부끄러움, 아픔, 고통스러움, 또는 무서움 같은 단어일 것이다.

당신이 쓴 것들을 읽어 보아라. 돈에 관한 경험을 통해 배운 교훈들을 한두 문장으로 요약해서 써 보아라. 다음 문장을 완성하여라. "나의 머니 스토리의 교훈은…… " 또는 "나의 경험을 토대로 돈과 돈의 작용에 대해서 배운 것들은……"

당신의 손실을 인정하는 것

당신의 머니 스토리를 떠올렸을 때 고통이 느껴지는 부분이 있을 것이다. 고통에 대해서 인지하고 받아들이는 것은 향후 치료와 당신의 남겨진 금전일대기(money biography)를 더 만족스럽고, 성공적으로 만들 수 있는 중요한 단계이다. 가장 강하게 자리 잡고 있는 머니스크립트는 강렬한 감정과 얽혀 있다. 이러한 감정을 이해하는 것은 당신이 자신의 재정적인 삶을 다른 방향에서 바라보게 하는 기회를 제공할 것이다.

혼자 있을 때가 이런 연습을 하기에 최적이다. 성인이 되어 발생한 손실과 고통을 겪은 경험들을 적어 보아라. 이런 것들이 당신의 어린 시절의 머니스크립트와 어떻게 연관되어 있는가? 머니스크립트는 당신에게 어떤 희생을 치르게 했나?

다음 예는 손해를 겪는 사례들일 수 있다.

- 재정적인 오해, 재정적 배신, 불신, 재정적 스트레스가 일부 원인이 된 이혼
- 당신의 불규칙한 일이나 일중독 때문에 부모 역할을 제대로 못한 결과 나타난 자녀들과의 친밀감 부족
- 당신을 예전으로 되돌리는 머니스크립트 때문에 취업에 실패했던 일

이런 고통스러운 감정들을 받아들이는 것은 자기 자신을 명확하게 볼 수 있게 하고 더 효과적으로 머니스크립트를 받아들이게 함으로써 인생을 변화할 수 있게 한다. 강한 감정은 해로운 머니스크립트를 그 자리에 고착시키고 변화에 저항하게 한다. 해결되지 않은 감정적 상처로부터 감정들을 분출하는 것은 명확성, 평안함, 그리고 새로운 선택으로의 문을 열게 한다.

돈에 관련된 폐해를 규명하라

당신이 돈과 관련된 일을 함부로 처리하거나 잘못 처리하고 있다면, 어쩌면 그 이유조차 깨닫지 못하면서 돈에 관한 불신과 염려의 감정을 가지고 있는지도 모른다. 이런 경우 당신의 기본적인 머니스크립트 중의 하나가 "돈에 관한 한 사람들을 믿을 수 없다."일 수 있다. 다른 머니스크립트처럼 이 믿음 역시 이를 만들게 한 과거 경험으로부터 주어진다. 불행하게도 이런 머니스크립트는 어떤 상황―가령 당신이 신뢰하는 어떤 사람과 있을 때―에 적용했을 때 당신의 인간관계를 망가뜨리고 당신의 부에 관한 잠재력을 제한시킬 수 있다. 머니스크립트가 만들어졌던 상황을 규명해 보면서 통찰력을 지금 당신의 현재 삶에 적용한다면 당신의 삶과 행동을 장악하고 있는 머니스크립트에 대해 배울 수 있다.

당신이 돈에 대해 배신감을 느꼈던 때로 돌아가 보자. 아마도 기대했거나 약속받은 어떤 것을 얻지 못했을 것이다. 당신은 모든 사람이 당연하다고 여기는 무언가에 대해서 알지 못했거나 돈에 관련해 사기나 거짓말에 당했을 수도 있다. 어쩌면 누군가 당신의 순진함과 너그러움을 이용했을 수도 있다. 약속한 것과 달리 빌려간 돈을 갚지 않는 사람들이 있었을 수도 있다.

그 경험이 크거나 심각하지 않았을 수도 있고 당신 인생의 특정 시점에서는 전혀 중요하거나 심각하지 않을 수도 있지만, 이것은 여전히 당신에게 강력한 영향을 줄 수 있다. 그것은 당신에게 부끄러운 감정, 화남, 배신감, 무시당함, 또는 잘못했다는 감정을 남겼을 수도 있고, 그것을 바로잡아야 한다거나 복수를 해야 한다는 느낌을 남겼을 수도 있다. 당신은 아마도 자신에게 "다시는 이런 일이 없을 거야!"란 말을 하고 있을지도 모른다.

무슨 일이 일어났고 어떻게 느꼈는지를 적어 보아라. 그런 다음 그 경험으로부터 얻은 교훈들을 적성해 보아라. 이러한 교훈들은 긍정적이지 않을 수도 있다. 아마 그것들은 어떤 일이 벌어졌을 때의 상황에 대처하는 방법을 알려줄 수는 있지만, 나중의 당신 삶을 좋게 해주지는 않는다. 그것들은 미래의 당신 행동을 결정할 수도 있고 결코 어떤 특정한 방식으로 다른 사람을 다루지 않겠다는 결심을 하게 했을 수도 있으며 비슷한 상황에 절대로 빠지지 않겠다고 다짐하게 했을 수도 있다.

만약 이런 종류의 경험이 여러 번 있었다면 각각에 대해서 따로 작성하여라. 작성을 마친 후 그 경험들을 비교하고 공통된 패턴을 찾아라. 이런 경험들이 계속해서 반복되고 있지는 않은가?

당신의 현재 삶을 한번 보아라. 자신과 비슷한 사람들과 비슷한 상황에 있지는 않은가? 안전하고 신뢰하는 사람들과 함께하지만 여전히 두려움을 가지고 있으며 다른 사람을 불신하고 있지는 않은가? 또다시 스스로를 위험한 상황과 사람들 사이에 밀어 넣고 있지는 않은가? 만일 그렇다면 어떤 변화가 당신에게 필요한가? 당신은 그러한 변화를 할 의향이 있는가? 당신은 오늘 무엇을 할 것인가?

돈이 가지고 있는 능력

분명한 것은 돈에 관한 과거의 경험 모두가 부정적인 것은 아니라는 것이다. 우리의 머니스크립트 중 많은 것이 권한, 기쁨, 희망, 황홀함과 같은 돈에 대한 긍정적인 경험으로부터 생긴 것이다. 이러한 긍정적인 경험 또한 우리의 삶에 지속적으로 중요한 영향을 주는 머니스크립트들과 단단하게 결합되어 있다. 우리는 이러한 긍정적인 감정을 우리의 재정 행동 안에서 되살리려 노력해야 한다.

돈의 힘을 느꼈던 때를 기억해 보자. 우리의 부정적인 경험이 파괴적이었던 것처럼, 긍정적인 경험 또한 특별한 '신뢰'를 갖게 하는 동기가 된다는 것을 기억해야 한다.

랄프(Ralph)는 돈과 관련된 첫 번째 경험을 기억한다. 어린 시절, 아버지가 친구 분과 대화를 하는 동안 옆에 조용히 앉아 있었다. 그들이 대화를 마쳤을 때 아버지 친구 분이 주머니에서 동전을 꺼내어 랄프에게 주면서 "너는 착한 아이구나, 이거 받으렴." 하고 말했다. 이것이 긍정적인 경험이었을까? 6살 소년인 랄프가 생각하기에 아버지 친구가 했던 행동은 나의 가치는 다른 사람에 의해 결정되며, 다른 사람이 주는 무언가가 나를 행복하게 한다고 생각하게 하였다. 그 경험에 대한 이런 해석은 그를 50년간 어떤 틀 속에 가두었다. 교사였던 그는 다른 사람이 자신의 가치를 결정하고 본인의 연봉을 결정한다고 생각하고 있는 자신을 발견하였다.

교사로서 은퇴한 랄프는 개인 컨설팅 사업을 시작하였다. 그는 자신이 한 일에 대한 보수를 제시하는 것이 불편했고, 다른 사람들이 그에게 얼마를 지불할지 말해 주는 편을 선호했다. 그가 제공한 서비스에 대해 아주 적은 돈을 청구하는 것도 힘들어했다. 몇 년이 지난 후, 비슷한 경험과 기술을 갖고 있는 다른 사람들보다 그의 보수는 현저히 낮았다. 심지어 그의 고객들조차 충분한 비용을 받고 있지 않은 것에 대해 비난하였다. 랄프의 어린 시절 돈에 대한 경험은 그가 가진 재정적 잠재력을 축소시켰고, 결국 가족들의 삶의 질을 떨어뜨리는 결과를 초래하였다.

어린 시절에 돈이 갖고 있는 힘을 느꼈을 때가 어느 때였는지 생각해 보라. 돈을 사용해서 기쁜 일이 생겼거나 재정적인 보상을 받았거나, 또는 어떤 어려운 일을 돈으로 이루어 낸 경험이 있을 것이다. 예를 들어 당신이 원하는 것을 위해 저축하고 구입한 경험, 첫 번째 용돈이나 급료, 상금을 받은 경험, 또는 당신이 받은 돈으로 원하는 무언가를 했던 경험들이 있을 것이다. 어쩌면 다른 이들로부터 무언가를 빼앗았든지 또는 속여서 돈을 훔쳐 달아났을 수도 있다. 이러한 경험은 당신에게 영향력이 있다는 느낌, 집중받는 느낌, 만족, 또는 자랑스러운 감정 따위를 남겼을 수 있다. 어떤 일이 일어났고 그것에 대해 어떻게 느꼈는지를 적어 보아라. 그런 후 그 경험으로부터 당신이 배운 것을 적어 보라. 이전의 연습에서처럼 이러한 교훈은 반드시 긍정적일 수만은 없으며 현재 당신의 인생에 좋게 작용하지 않을 수도 있다.

만일 당신이 이러한 형태의 경험을 하나 이상 기억할 수 있다면 따로 구분하여 작성하라. 이 일을 끝낸 후 그 경험들을 비교하고 공통적인 패턴을 찾아보아라.

3단계 : 현재를 이해하라

머니스크립트가 우리를 얽매는 방식 중 하나는 자신의 머니스크립트와 맞지 않는 상황을 받아들이려는 자신의 능력을 막을 때이다. 머니스크립트를 무조건 따르는 것은 재정적 어려움에 대해 반응하는 것이지 대처하는 것이 아니다. 우리는 다른 선택 대안에 대한 의식적인 생각이나 인식 없이 재무적 결정을 하는 수가 있다. 우리는 머니스크립트가 항상 진리인 것처럼 행동하는데, 이는 무의식적으로 "일이란 다 그렇지 뭐!"라고 가정하기 때문이다. 당신은 자신의 머니스크립트 때문에 변화가 필요하다는 것을 알지 못하며, 무엇이 어떻게 변해야 하는지, 변할 준비가 되어 있고 변할 의향도 있다는 것을 깨닫지 못할 수 있다.

자신의 머니스크립트를 파악하고, 그것이 어디서 비롯되었는지를 알아내는 과정은 현재의 상황에 대해 눈을 뜨도록 만든다. 당신이 이젠 유용함이 없어져 버린 머니스크립트에 더 이상 얽매이지 않게 된다면, 과거에 기인한 회고적이고 감정적인 반응 대신 현재의 상황에 대해 눈을 크게 뜨고 대처할 수 있는 융통성을 부릴 수 있게 된다. 이는 당신이 현재를 보다 명료히 이해하고 긍정적 변화에 보다 열려 있을 수 있도록 할 것이다.

머니스크립트 재정립하기 : 건강한 재정 상태로 변화하기

이전의 연습을 통해 알게 된 자신의 머니스크립트 중 하나를 택하여라. 그리고는 이 머니스크립트와 관련된 다양한 상황을 생각나는 대로 적어 보아라. 다음의 세 가지 단계는 이러한 연습을 하는 데 도움이 될 것이다.

1. 이 머니스크립트가 잘 들어맞는 구체적인 상황을 적어 보아라.
2. 이 머니스크립트가 항상 맞는 것이 아닐 수도 있는 다양한 상황을 상상해서 적어 보아라. 이 단계에서 떠오르는 감정에 주의해 보아라. 만약 어떤 강한 감정을 느낀다면, 과거의 고통스러운 경험으로부터 해결되지 않은 어떤 감정을 당신은 여전히 가지고 있다는 뜻일 수 있다.
3. 이 머니스크립트가 원래의 제한된 '의미' 이상으로 확대되거나 변형된 표현을 적어 보아라.

한 예로 열 가지 머니스크립트의 하나인 "나는 돈을 쓸 자격이 있다."를 이용해 보자.

첫째, 이 머니스크립트는 어떤 상황에서 적용될 수 있을까?

- 나는 나 자신과 가족을 위해 돈을 쓸 수 있다(주거비, 음식비, 교통비, 의료비, 오락 비 등의 제공과 같은).
- 나는 내가 원하는 방식으로 나의 개인 용돈을 쓸 수 있다(각자의 취미, 자기관리, 개인 기호에 소비할 수 있는 예산상의 일정 금액과 같은).
- 나는 나의 미래에 투자하기 위해 돈을 쓸 수 있다(교육, 운동, 경력 개발과 같은).
- 나는 나의 인생에 의미와 즐거움을 주는 활동이나 물건에 돈을 쓸

수 있다.

둘째, 이 머니스크립트는 어떤 상황에서 적용될 수 없을까?

- 나는 내가 가진 돈보다 더 많이 쓸 수 없다(내가 정말 필요하지도 않은 새 옷을 구매하기 위해 신용카드를 사용하는 것과 같은).
- 나는 다른 용도의 돈을 쓸 수는 없다(휴가비를 위해 렌트비를 이용하는 것과 같은).
- 법적으로 내 것이 아닌 돈을 쓸 수는 없다(다른 가족의 카드를 허락받지 않고 '차용'하는 것과 같은).
- 나는 단기간의 만족을 위해 장기간의 고통스러운 결과를 수반하는 일에 돈을 쓸 수는 없다(신용카드로 값비싼 크리스마스 선물을 사고는 수개월 동안 갚느라 허덕이는 것과 같은).

셋째, 이 머니스크립트의 변형된 표현은 어떤 것이 있을까?

- 나와 내 가족의 필요를 만족하고, 나의 목표를 지향하며, 나의 삶을 향상시키는 방식으로 돈을 쓸 수 있다.
- 나는 돈을 책임감 있고 효율적으로 씀으로써 자존감과 자신감을 가질 만하다.

건강한 금전 좌우명

아래의 7단계 연습을 통해 당신을 얽매는 머니스크립트를 제거할 수 있을 것이다. 이 과정은 당신을 계속 어렵게 만드는 핵심 머니스크립트가 있을 때 매우 유용하다. 또한 그 머니스크립트가 어떤 과정에서 생겼으며, 그것이 당신의 재정적 복지에 어떻게 영향을 미치는지를 깨달았을 때, 그리고 그것이 스스로의 삶에 미치는 영향을 변화시키고자 당신이 마음먹었을 때 가장 효과가 있다. 건전한 금전 좌우명을 만드는 일을 당신 스스로가 특정 머니스크립트에 근거해서 반응하고 있음을 알게 됐을 때 의식적으로 자신의 사고를 변화시키고자 사용하는 방법이다. 계속해서 사용하면 이는 당신의 삶을 극적으로 변화시킬 수 있다.

7단계는 다음과 같다.

1. 문제를 야기하는 구체적인 상황, 그러한 상황에서 떠오르는 생각, 그리고 결과적으로 느끼는 감정을 파악하라. ("나는 직장에서 집으로 운전해서 돌아오고 있었다. 나는 더 늦게까지 일해야 한다고 생각하고 있었다. 나는 죄의식을 느끼기 시작했다.")

2. 그러한 느낌 근저에 깔려 있는 머니스크립트를 파악하라. 이는 그러한 느낌을 일어나게 만드는 핵심 신념이기 때문에 매우 중요한 단계이다. ("더 열심히 일하는 것이 성공하기 위한 유일한 길이다.")

3. 그 머니스크립트가 맞았고 한때 당신에게 도움이 되었던 방식이었다는 것을 원래의 상황을 생각하면서 인지하라. 그리고는 "그러나 이제는······" 하며 그 머니스크립트가 현재의 당신의 삶에는 더 이상 맞지 않음을 서술하라. ("나는 대학 졸업 때까지는, 내가 자랄 당시 처해 있던 가난에서 헤어나오고자 긴 시간 열심히 일했다. 그러나 이제 나는 봉급도 높고, 상사는 나를 존중하며 나의 일을 가치 있게 여기고, 나의 가족과 함께할 시간도 있다.")

4. 당신의 현재 상황, 당신의 가치, 당신의 목표에 부합하는 보다 분명한 머니스크립트를 적어라. 아마도 위에서 다룬 '머니스크립트의 정립' 연습에서 이미 했을 수도 있다. 여기서 원래의 머니스크

립트를 부정하기보다는 그를 보다 긍정적인 형태로 만드는 것이 중요하다. 부정에 초점을 맞추는 것은, 부정을 부인하는 시도에서 조차도 에너지를 사용하게 한다. ("더 열심히 일하는 것만이 성공에 이르는 유일한 길은 아니다."라기보다는 보다 긍정적이고 더 강력한 힘이 느껴지는 재정립은 "진정한 성공과 행복은 타인과의 관계로부터 온다."가 될 수 있을 것이다.)

5. 이제 새로운 머니스크립트의 근저에 깔려 있는 가치를 파악하라. ("나의 가족은 나의 삶에서 가장 중요하다.")

6. 이 새로운 머니스크립트에 근거하여 새롭고, 건전한 행동을 규명하라. 위의 예에서 원래의 머니스크립트에 반응하는 행동은 직장으로 다시 가서 일을 더 하거나 일을 집으로 가져오는 것이다. 그러나 수정된 머니스크립트는 다른 선택의 결과를 가져온다. ("나는 가족들과 시간을 같이 보내기 위해 집으로 간다.")

7. 위의 네 번째, 다섯 번째, 여섯 번째 단계를 연결하여 건강한 금전 좌우명을 만들어라. 이 예에서 금전 좌우명은 "진정한 성공과 행복은 타인과의 관계에서 온다. 나의 가족은 내 삶에서 가장 중요하다. 나는 배우자와 자녀와 함께 시간을 보내고자 집으로 간다."일 것이다.

건강한 금전 좌우명을 만들고 나면, 이제 당신은 원래의 무의식적인 머니스크립트와는 다른 의식적인 머니스크립트를 갖게 된다. 그 내용을 카드에 적어 가지고 다녀라. 생각이나 감정이나 상황이 이 머니스크립트를 생각나게 하면, 카드를 꺼내어 보고 당신의 머니스크립트를 암송해 보라. 건강한 금전 좌우명을 암송하는 것은 원래의 머니스크립트에 대한 당신의 자동적이고 무의식적이었던 반응을 제어할 것이다. 그리고 당신에게 보다 건강한 다른 선택 대안들이 있다는 것을 강력하게 상기시킬 것이다.

당신은 자신의 사고와 행동 패턴을 의식적으로 조정함으로써 자신의 두뇌에서 일어나는 변화에 적극적으로 영향을 미칠 수 있다. 컬럼비아 대학교의 에릭 캔들(Eric Kandel) 교수는 두뇌의 장기간 조건화는 영속적인 구조적 변화를 가져올 수 있다고 발표하였다(*Monitor on Psychology*, 1985. 9.). 뇌세포가 자극에 반응하여 반복적으로 신호를 보내면, 뇌세포의 화학성질 및 형태가 영구적으로 변할 수 있게 된다는 것이다. 그러므로 금전 좌우명과 같은 재정립 연습은 실제로 당신 두뇌의 물리적 구조를 변화시킬 수 있으며, 자동적 사고와 습관적 행동을 변화시키는 새로운 신경전달방식을 만들어 낼 수 있다.

머니스크립트와 핵심 가치

당신에게 중요한 핵심 가치를 적어 보라. 몇 가지 예를 보면 다음과 같다.

- 성실하게 사는 것
- 가족을 이루는 것
- 좋은 부모가 되는 것
- 명예로운 거래와 좋은 품질의 평판을 가진 기업을 일구는 것
- 다른 사람을 가르치고 멘토링하는 것
- 자신의 재능을 충분히 사용하는 것
- 나의 공동체에 환원하는 것
- 긍정적 유산을 남기는 것

이제는 이 핵심 가치와 잘 맞지 않는 당신의 행동들을 적어 보라. 아마도 다음과 같은 것들이 있을 수 있다.

- 가족과 같이 시간을 보내기보다는 장시간 일하는 것
- 일을 대충 처리하여 일의 질을 떨어뜨리는 것
- 지역공동체 문제를 해결함에 있어 자원해서 돕기보다는 다른 사람이 하기를 기다리는 것
- 내 능력 중에 나에게 중요한 재능과 기술을 사용하지 않는 것

이전의 연습에서 알아본 당신의 머니스크립트를 한번 보라. 어떤 머니스크립트가 당신의 핵심 가치와 부합하지 않는가? 자신의 핵심 가치와 맞추기 위해 어떤 변화를 취할 준비가 되어 있는가?

⟶ 4단계 : 미래를 구상하라 ⟵

과거의 영향 및 현재 삶의 실제를 명료히 잘 보았다면, 당신은 이제 성공적인 미래로 가는 길을 닦아 놓은 것이다. 당신이 어디서 왔고, 어떤 신념이 당신을 떠받치고 있었는지, 그리고 현재 삶에 대한 이해를 갖게 되었을 때, 미래에 자신이 원하는 인생을 만들어 갈 능력은 극적으로 높아지게 된다.

시간이 없습니다

당신이 곧 죽게 된다는 방금 말을 들었다고 상상해 보라. 당신은 더 이상 기회도 없고, 가능성도 없으며, 더 이상 '언젠가는'도 없고, 두 번째 찬스도 없다.

자신을 돌아보거나 분석하거나 대답을 고치거나 하지 말고, 재빨리 아직 완성하지 못한 용무들을 적어 보라. 이 리스트는 아마도 과거에 했던 일들 또는 하지 못한 것을 후회하는 것, 당신이 사랑하는 사람들에게 말하고자 했던 것, 하고 싶었던 모험, 방문하고 싶었던 장소, 개발하고 싶었던 재능, 다르게 하고 싶었던 선택 등이 포함될 것이다.

이런 리스트는 당신에게 중요한 것이 무엇인지, 원하는 미래를 만들기 위해 당신의 시간과 돈과 에너지를 들이고자 하는 것이 무엇인지에 대한 중요한 통찰을 제공한다.

〜 5단계 : 인생을 변화시켜라 〜

5단계야말로 진가가 시험되는 곳이다. 4단계의 "시간이 없습니다." 연습에서 나온 리스트를 이용하여 자신이 사는 방식에 어떤 변화가 필요한지를 생각해 보라. 어떻게 하면 당신이 보다 원하는 것을 이루며 살수 있을까? 어떤 목적을 달성하기를 원하는가? 당신의 행동이 자신의 핵심 가치와 좀 더 부합하기 위해서는 어떤 변화가 필요한가?

어쩌면 이 마지막 단계는 당신의 돈문제와 거의 관련이 없어 보일 수도 있다. 그러나 이 부분이야말로 당신의 금전관념(money mindsets)을 변화시키는 일이 매우 중요하다는 것에 대한 이유가 된다. 당신이 이 단계에 더 깊이 관여할수록 당신의 인생에 대한 영향력이 더 커질 것이다. 스크루지처럼 금전과 균형 잡힌 관계를 만들어 내는 것은 당신 인생의 많은 다른 영역도 변형시키는 힘을 갖추게 된다는 것을 알게 될 것이다. 당신의 파괴적인 머니스크립트를 재정립할 때, 당신이 소망하고 또 가질 자격이 있는 부유한 삶을 이루는 데 도움이 되는 중요한 수단으로써 건강하고 균형 잡힌 방법으로 돈을 사용하는 법을 열어가게 될 것이다.

재정립된 금전관념 : 재정적 건강 찾기

앨런(Alan)은 많은 돈을 가지고 있었다. 그의 순자산은 500억이었다. 그러나 앨런은 그 돈이 언젠가는 다 써 없어질지도 모른다는 걱정에 잠을 이루지 못했다. 앨런은 우리가 지은 책인 *The Financial Wisdom of Ebenezer Scrooge*를 읽고 나서야 자신에게 강하게 영향을 미쳤던 머니스크립트가 "돈은 없어지게 된다."라는 것이었음을 깨닫게 되었다. 이 인식은 어렸을 때 시즌을 타는 여행사업에 종사하는 그의 아버지가 고생하시는 것을 보고 자라면서 생긴 것이었다.

앨런의 아버지는 매년 2월이 되면 지난해 여행 시즌 막바지인 10월 말에 저축해 둔 돈이 새로운 시즌이 시작되기 전에 바닥이 나지 않을까 걱정하기 시작했다. 그런 일이 일어난 적은 한 번도 없었지만, 어린 앨런은 이런 연중 기복이 있는 비즈니스가 가지는 큰 틀을 볼 수 있는 시야를 갖고 있지 못했다. 해마다 3개월 동안 그의 맘속에는 가족에게 음식도, 옷도, 집도 다 없어져 버리는 것이 아닐까 하는 두려움이 있었다.

놀랍게도 앨런의 이런 두려움은 그가 성인이 되고, 그런 두려움이 전혀 상관없을 정도의 큰 자산을 소유하게 된 시점에 와서도 여전히 있었다.

그러나 이런 머니스크립트를 가졌다는 사실을 알게 된 것만으로는 앨런의 심야 불면증을 불식시키지는 못하였다. 이론적으로 그는 가진 자산으로 잘살고 있고, 그의 돈은 다 없어지지 않을 것이라는 것도 잘 알고 있었다. 그러나 이러한 모든 합리화도 새벽 2시만 되면 일어나는 그의 근심을 치유하지 못했다.

앨런은 재정치료사의 도움을 받아 자신의 삶에 큰 영향을 미치는 만성적 두려움을 해결해 보기로 하였다. 앨런은 상담을 받으면서 이러한 상황이 그의 어린 마음에 트라우마를 남겼음을 알아냈으며, 그러한 머니스크립트를 마음 한구석에 가두어 두는 강력한 감정을 다소 해방시켜 줄 수 있었다. 어느 정도 세션을 진행한 후, 앨런은 수십 년 만에 처음으로 숙면을 취할 수 있었다.

제2장에서 우리는 엘리엇을 소개한 바 있었는데, 그의 스토리는 "돈은 나의 인생에 의미를 줄 것이다."라는 머니스크립트를 보여주었다. 그는 어린 시절의 학대와 가난을 이겨내고 명성과 부를 이룩한 야망 있고 똑똑한 사람이었다. 그러나 이제 60대가 되어 그의 재정적 성공의 강력한 드라이브는 혹독한 대가를 치르고 있음을 깨달았다. 그는 우리에게 "나는 누구도 부럽지 않을 명성과 돈을 모두 가졌어요. 그러나 나는 진정한 친구 하나 없고, 자식들은 나를 싫어합니다. 나는 돈만 있으면 평안함과 사랑이 있을 거라 생각했지만 그렇지 않아요. 나는 지금 내가 무엇을 가장 원하고 있는지 모르겠어요. 아니 안다고 해도 그런 것을 얻기 위해 무엇을 어디서 시작해야 할지 모르겠습니다."라고 말했다.

엘리엇은 그의 성공을 향한 집념이 그에게 평안함, 사랑, 좋은 인간관계를 앗아 갔다는 사실을 깨닫고 우리에게 도움을 청했다. 그는 자신의 일에 쏟아부었던 것처럼 에너지와 집착을 가지고 재정적 힐링을 위해 노력했다. 엘리엇이 자녀와의 소원한 관계에 대한 자신의 책임을 인정하는 데는 그리 긴 시간이 걸리지 않았다. 그는 일에만 너무 빠져 있어서 자녀들이 어렸을 때 시간을 거의 함께하지 못했음을 인정했다. 자녀들이 자란 후에는 돈을 가지고 자녀들의 행동을 조종하려 했으며, 돈을 주거나 안 줌으로써 자녀들이 자신과 함께 시간을 보내도록 강요하였다.

　재정치료사의 도움으로 엘리엇은 돈으로 자기 가족을 조종하는 것을 멈추었다. 점차 자녀와의 관계가 개선되기 시작했다. 몇 개월이 지난 다음 다시 만났을 때 엘리엇은 최근에 있었던 두 번의 가족 행사가 지금까지 그가 경험해 본 것 중 최고의 가족시간이었다고 말했다. 엘리엇은 그가 과거에 가졌던 "돈은 나의 인생에 의미를 줄 것이다."라는 머니스크립트를 재정립함으로써 자신과 가족 모두 혜택을 받게 되었다.

　우리는 또한 조이를 소개한 바 있었는데, 그의 이야기는 "돈은 중요하지 않다."는 머니스크립트를 설명한 것이었다. 조이는 자신의 재정적 안정을 돌보는 것은 남을 돕고자 하는 자신의 사명과 부합하지 않는다고 믿으며 수년 동안 가난하게 살고 있었다. 그러던 중 그녀는 자원봉사 프로젝트에서 재정코치를 만나게 되었다. 생애 처음으로 그녀는 돈에 대한 자신의 신념과 행동에 대해 심각하게 생각해 보게 되었다.

　재정코치와 함께 검토한 결과 그녀는 자신이 가난하다는 상황은 남을 돕는 자신의 능력에 오히려 해를 끼친다는 결론에 이르게 되었다. 그녀는 엔지니어링 회사에 직장을 잡았으며 그녀의 재정코치에게 그 직장을 통해 어느 정도 재정적 안정을 이룰 때까지 그 직장에 다닐 것이며 그동안 오래 미뤘던 치과검진과 건강검진도 받겠노라고 다짐했다. 그녀는 자원봉사에 소비하는 시간을 줄였으며 그녀가 가장 큰 의미를 두는 한 가지에 집중하기로 했다. 몇 개월 후 조이는 자기가 받은 교육을 써먹을 수 있고 재정적으로도 자립할 수 있으며, 다른 사람들을 돕고자 하는 자신의 목표를 이룰 수 있는 직책을 한 환경단체로부터 제안 받았다. 재정적 안정은 그녀가 기부금도 낼 수 있게 하였고 전에는 전혀 상상하지도 못했던 방식으로 다른 사람들을 도울 수 있다는 것도 깨닫게 되었다.

이러한 이야기들은 본 장에서 기술하고 있는 다섯 가지 단계를 이용하여 자신의 머니스크립트를 재정립하는 것이 얼마나 중요한지를 보여준다. 앨런, 엘리엇, 그리고 조이는 자신의 과거를 검토하고 스스로의 머니스크립트를 찾아냈으며, 자기들이 원하는 미래에 대한 비전을 가지고 필요한 단계에 따라 자신들의 삶을 변형시킬 수 있었다.

⌒ 돈에 대한 사고방식 바꾸기 : 머니스크립트 재정립하기 ⌒

만약 당신이 대부분의 우리와 비슷하다면, 아마도 연습을 완료하지 않은 채 본 장을 읽기만 했을 것이다. 연습을 읽기만 하는 것으로도 우리가 필요로 하는 통찰력을 얻기에 충분하다고 생각할 수 있다. 신경과학 연구에 의하면 여기까지는 오직 좌뇌만을 써온 상태이다. 좌뇌가 논리적이며 정보전달 역할을 하긴 하지만, 사실은 우리 행동 결정의 약 20%만을 담당할 뿐이다. 반면 우리의 오른쪽 (또는 감성) 반구는 우리가 제안한 연습을 실제로 행할 때 사용하는 부분이며, 행동 결정의 80%를 담당한다.

본 자료를 이용하는 가장 좋은 방법은 뇌의 양쪽을 모두 사용하는 것이다. 즉 연습을 읽고 그것들을 실제로 행하는 것이다. 단지 읽기만 하고 거기서 멈춘다면 당신이 원하는 변화를 실제로 이룰 가능성은 80%가 줄어드는 것이다. 만일 정말로 자신의 금전관념을 바꾸어 자신의 성공을 가로막고 있는 신념들로부터 해방되고 싶다면, 그 연습들을 실제로 행하는 것이 중요하다. 조금 미루었다 한다거나, 한 번에 두어 개씩만 하는 것도 괜찮다. 그러나 변화는 과정이라는 것을 명심하라. 변화에 대해 읽고 그 변화를 생각하는 것은 변화를 하고 싶게 만드는 중요한 절차이지만, 그것만으로는 충분하지 않다. 당신의 삶을 변화시키는 것은 통찰력뿐만 아니라 행동을 필요로 한다.

9

금전 인식이 서로 다를 때 :
부부 간 갈등

◆

Wired

for

Wealth

◆

제9장

금전 인식이 서로 다를 때 :
부부 간 갈등

돈과의 건강한 관계를 만들기 위해서는 스스로의 머니스
크립트를 이해하고 재정립하는 과정이 필요하다. 이러한 과정은 중요한
사람들과 보다 건강한 관계를 유지하고자 하는 데도 활용될 수 있다. 예
를 들면, 부부가 서로의 머니스크립트를 이해하는 것은 부부 간의 돈과
관련된 갈등을 해결하는 중요한 수단이 된다. 서로의 머니스크립트에
대한 이해는 부부가 금전 관련 갈등의 해결책을 모색하며 금전 관련 스
트레스를 줄여나갈 수 있다.

아이린(Eileen)과 샘(Sam) 부부의 경우를 보자. 자녀들이 성장기 때 아
이린은 신형의 미니밴을 운전하고 있었고 샘은 꽤나 오래된 중고 소형
차를 쓰고 있었다. 막내가 대학을 졸업한 다음 샘은 그의 생애 처음으로
새 차를 갖고 싶어 했다. 그들은 자녀의 등록금과 치아교정비용 등을 더
이상 지불하지 않아도 되었기에 금전적으로 새 차를 구입할 만한 여유
는 있었다. 따라서 아이린은 샘의 요구를 들어주기로 했다.

하지만 샘이 갖고 싶어 하는 차는 날렵한 2인승 스포츠형 컨버터블이
었고, 이를 알게 된 아이린은 마음이 바뀌었다. 그러자 샘은 재빨리 그

차는 자기가 정말로 갖고 싶은 포르쉐에 비하면 연비도 좋고 비싸지도 않다는 점을 강조하였다.

아이린은 기겁해서 말했다. "제정신이야? 다들 제정신이 아니라고 비웃을 거야! 그리고 그 차는 트렁크가 작아서 장을 보러갈 때 사용할 수도 없잖아." 샘과 아이린은 의견 차이를 좁히지 못하고 며칠 동안 다투었다. 이 상황에서 과연 누가 옳고 누가 틀린 것일까?

사라(Sara)는 그의 자녀와 손자녀에게 무언가를 사주는 것에 관대했다. 크리스마스 때면 그녀가 산 선물들로 크리스마스트리가 거의 가려질 정도였고, 가족 한 명 한 명의 생일 때마다 선물과 돈을 어김없이 주었다. 그러나 그녀의 남편인 데니스(Dennis)는 소비에 다소 보수적이었고 그녀의 후한 인심을 못마땅하게 생각하였다.

사라는 데니스가 이기적인 사람이라고 했고, 데니스는 사라를 "너무 낭비를 한다."고 말했다. 그들은 36년 동안 결혼 생활을 해왔지만 이 문제에 대해서는 다른 어떤 논쟁보다도 심하게 다투었다. 게다가 근래에 데니스가 은퇴 후 경제문제에 대해 진지하게 생각하기 시작하면서 이들의 대립은 더욱 깊어졌다.

〜 금전 관련 대립, 머니스크립트의 대립 〜

이 부부가 깨닫지 못하는 것이 있다. 그들이 처한 금전과 관련된 대립은 각자의 가족력으로부터 물려받은 머니스크립트 간의 대립이라는 점이다.

스포츠카를 두고 벌인 샘과 아이린의 대립에서 샘을 지배하는 인식은 "나는 수년간 희생을 했기 때문에 내가 정말 원하는 것을 살 만한 자격이 있다.", "이제는 내가 정말 하고 싶은 걸 할 때다."였다. 반면 아이린의 생각은 "사람들이 우리를 이기적이고 낭비하는 사람들이라고 생각할 것이다.", "차는 실용적이어야 한다.", 그리고 심지어는 "중년의 남자가 스포츠카를 산다는 건 부부 생활이 만족스럽지 않다는 걸 반증하는 것이다."라는 것이었다.

사라와 데니스의 갈등에서 관점의 차이는 그들의 유년 시절에서 비롯되는 것으로 보인다. 사라는 14세 때부터 일하기 시작했고 그때부터 그녀는 금전이나 다른 면에서도 가족으로부터 거의 지원을 받지 못하며 살아왔다. 그러한 환경에서 그녀의 머니스크립트는 "나는 항상 자녀들을 도와줄 것이고, 내가 얼마나 사랑하는지 그들이 느끼도록 할 것이다."가 되었다. 아이러니컬하게도 데니스 역시 그녀와 비슷한 환경에서 자랐다. 그는 10대 때부터 스스로 돈을 벌어 쓰기 시작했다. 그는 지금까지 자급자족할 수 있었던 자신이 자랑스러웠으며, "자녀가 어렸을 때 너무 많은 지원을 해주는 것은 애들을 무책임하게 만든다."는 머니스크립트를 갖고 있었다.

머니스크립트의 규명은 개인뿐 아니라 부부 간에 오랫동안 해결하지 못한 금전적 갈등을 해소하는 데 매우 중요하다. 본서의 앞 장에서 당신에게 도움이 되지 않는 금전 관련 행위를 변화시키기 위해서는 당신 자신의 머니스크립트를 잘 이해하는 것이 중요함을 강조한 바 있다. 이제는 당신 자신 것뿐만 아니라 당신 배우자의 머니스크립트를 이해하는 것 역시 중요하다는 것을 말하고자 한다.

부부가 서로 상대방의 머니스크립트를 알고자 노력하는 것은 바람직한 금전적 협력 관계를 만들기 위해 매우 중요하다. 상대방의 머니스크립트를 알게 될 때 부부는 서로의 입장에 대해 보다 쉽게 이해할 수 있다. 자기 자신의 금전과 관련된 과거 내력이나 무의식적인 신념 및 행동에 대해 통찰력을 갖는 것 외에도, 당신은 배우자의 금전적 행동에 대해 이해와 동정심을 갖게 될 것이다. 이러한 과정만으로도 금전적 갈등의 본질을 극적으로 바꿀 수 있다. 이는 갈등을 당장 해결하지는 못하여도, 해결을 향하여 나아가는 중요한 발판이 될 것이다.

연구에 따르면 '돈'은 부부 간 특히 신혼기 부부 싸움의 가장 큰 원인으로 나타난다. 배우자들은 돈 때문에 싸우고, 돈의 사용에 우위를 점하려고 하며, 상대방 모르게 돈을 간직하려고 한다.

돈에 대한 부부 간 갈등은 대부분 부부 간의 상이한 머니스크립트의 충돌 때문에 일어난다. 배우자는 원래의 가족과 직장 그리고 돈과 관련한 내력을 갖고 있다. 그렇기 때문에 배우자는 각각 자기의 고유한 머니스크립트를 갖고 있는 것이다. 아이러니컬하게도 종종 우리는 나와 다른 금전 관련 경험과 머니스크립트를 가진 배우자에게 끌리는 경향이 있는데, 이는 균형을 찾고자 하는 노력 때문이라 할 수 있다. 소비를 많이 하는 사람은 저축하는 사람과 함께하는 경우가 많다. 이러한 조합은 양자 간 균형을 맞춘다는 점에서는 긍정적이지만 갈등의 원인이 되기도 한다.

개인의 머니스크립트는 부모의 자산관리 습관과 신념을 반영하기도 한다. 브랜다(Brenda)는 어머니가 금전관리를 하고 있었으며 항상 어머니가 고지서를 납부하는 것을 보며 자랐다. 그렇기 때문에 그녀는 결혼 후 어머니처럼 본인이 하는 것이 당연하다고 생각했다. 반면 그녀의 남편 아투로(Arturo)는 가족의 경제 결정권은 남자가 하는 것이 맞는다고 생각했다. 이 부부에게 갈등이 생기는 것은 당연하다.

만약 당신과 당신 배우자가 서로의 '정상적인' 자산관리 방법에 대해 서로 다른 기대를 갖고 있다면 갈등이 생기기 쉽다. 아쉽게도 부부가 서로를 알아가는 과정에서 이러한 괴리감을 줄여가는 노력을 하지 않는 경우가 많다. 만약 이러한 기대감이 비교적 피상적이라면 배우자 각각의 방식을 이해함으로써 부부는 효과적인 자산관리 시스템을 개발할 수도 있다.

금전에 관한 갈등은 가끔 심각한 문제를 야기하기도 하는데, 이는 생각한 것보다 해결이 어려운 경우가 많다. 만약 갈등이 부부 간의 병적인 문제를 반영한 것이라면, 이 부부에게는 상담가가 필요하다. 이런 심각한 문제에서조차도 서로의 머니스크립트를 이해하는 것은 적어도 상대방의 행동방식을 이해하는 데 도움을 준다.

재정적 부정직

철인 3종 경기 선수인 줄스(Jules)는 다가오는 시즌을 위해 새 자전거가 필요하다고 생각했다. 그 자전거는 무려 6,000달러를 호가하는 것이었다. 그는 중요한 구입 결정에 있어서 항상 서로 조언을 구하자는 약속을 부인과 했기 때문에 자전거를 사고 싶다고 그녀에게 말했다. 부인이 자전거가 얼마냐고 물었고 그는 "2,500달러밖에 안 해!"라고 답하였다. 줄스가 그렇게 자전거를 사고 난 뒤 그녀는 자전거의 진짜 가격을 마침내 알게 되었고, 왜 거짓말을 하였는지 따지기 시작했다. 그는 그의 행동을 다음과 같이 정당화했다. "2,500달러라고 말한 것은 자전거의 프레임이었어. 그 이외의 다른 것은 부품이었기 때문에 실제 가격으로 포함하지는 않았어."

패니(Penny)는 신발을 광적으로 좋아한다. 그녀의 장롱에는 수백 개의 신발 박스가 있다. 남편인 네이든(Nathan)은 마침내 그녀에게 새 신발을 살 때마다 자신에게 말하라고 했고 그녀는 그러겠다고 했다. 하지만 패니는 계속해서 신발을 몰래 구입했다. 그녀는 새로 산 신발들을 장롱 속에 숨기곤 했다. 그리고 기회가 날 때마다 그 신발들을 신고 밖으로 나가 콘크리트 바닥에 굽을 닳게 했다. 네이든은 그녀가 보지 못한 신발을 신고 있을 때마다 그 신발이 새로 산 것이냐고 물었고, 패니는 그때마다 신발을 한쪽 벗어 닳은 밑바닥을 보여줌으로써 새 신발이 아닌 것처럼 했다. 네이든은 더 이상 확인할 수 있는 방법이 없었다.

트루디(Trudy)는 골동품을 매우 좋아했다. 그녀의 남편은 그녀가 너무 많은 돈을 골동품에 사는 데 쓴다고 생각했다. 트루디는 자신이 산 물건들의 진짜 가격을 숨기기 위해서 수표로 대략 반 정도의 가격을 지불하고, 나머지는 쇼핑할 때마다 조금씩 모아둔 현금으로 지불했다. 남편이 골동품 가격에 대해 트루디에게 불평할 때마다 그녀는 진짜 가격이 나와 있는 골동품 가게의 영수증 대신 수표를 보여주면서 "원래 가격과 비교하면 자신이 얼마나 저렴하게 구입했는지 모른다."고 말하곤 했다.

대학생인 크리스탈(Crystal)은 매주 주말 집에 올 때마다 아버지가 몰래 100달러를 주면서 엄마에게는 말하지 말라고 했다.

패트릭(Patrick)의 불륜 행각은 그의 배우자에게 거의 공개된 비밀이나 다름없었다. 부인인 캐더린(Catherine)은 패트릭이 다른 여자와 놀러 다니는 것을 알 때마다 쇼핑 바람을 일으켰다. 패트릭이 다른 여자와 바람피울 때마다 그가 비용 지불을 하는 그들 간의 일종의 암묵적 계약이었다.

새 신발을 사느라 거짓말을 하는 것이 재정적 부정직(financial infidelity)이라고 할 수 있을까? 배우자에게 돈문제를 숨기는 것은 괜찮은 것일까? 돈에 대한 거짓말은 과연 새하얀 거짓말일까 아니면 위험한 것일까? 물론 돈문제에 대해 배우자에게 진실을 숨기는 것은 외도를 하는 것과는 전혀 다른 형태이다.

하지만 돈에 관해 거짓말을 하는 것은 불륜과 마찬가지로 부부 간의 신뢰를 깨는 데 큰 영향을 미친다. 금전적인 문제로 배우자에게 거짓말을 하는 배우자는 성적으로 상대방을 배신하는 것은 아니며, 그러한 행동이 결혼 서약서나 혹은 결혼식 때 맺은 그들 관계의 다짐을 어기는 것은 아니라고 생각할 수 있다. 그러나 돈에 관해 비밀을 간직하고 있는 것은 부부 관계의 근간을 흔들 수 있는 문제다.

재정적 부정직이란 당신의 금전 관련 행동의 정보에 대해 상대방을 속이거나, 숨기거나 혹은 누락하는 것을 말한다. 이러한 비밀스러운 행위는 발각되었을 때 당신으로 하여금 죄책감이나 수치심을 느끼게 한다. 이러한 금전적 부정직은 비밀 소비, 비밀 저축, 비밀 증여, 비밀 대출, 비밀 투자, 비밀 도박, 그리고 비밀 수입 등을 포함한다. 우리의 연구에서는 이러한 금전적 부정직을 자세히 연구하지는 않았지만, 다음과 같은 결과를 찾아낼 수 있었다.

- 가족이나 배우자에게 씀씀이를 숨기는 것과 관련, 15% 이상의 응답자가 자신도 그렇게 하고 있음에 '다소 동의한다.'고 답했다(여성 응답자가 훨씬 많았다).
- 가까운 사람에게 자신이 도박을 한다는 사실을 숨기는 것에 대해, 1% 이상의 사람들이 자신도 그렇게 하고 있음에 '다소 동의한다.' 고 응답했다(남성 응답자가 훨씬 많았다).
- 돈에 대해 배우자에게 비밀을 간직하는 것에 대해, 11% 이상의 사

람들이 '다소 동의한다.'고 응답했다.

당신은 재정적 부정직에 대해 죄책감을 느낍니까

아래의 행위들은 재정적 부정직의 예라고 볼 수 있다.

1. 배우자와 충분한 상의 없이 공동의 자금을 소비하는 것. 잔디깎이 기계는 어차피 '둘 모두'를 위한 것이라거나, '지나치기에는 너무 좋은 가격'의 양복이었다 등이 상의 없는 단독 결정을 정당화할 수는 없다.

2. 비자금을 갖고 있는 것. 배우자에게 숨기고 있는 현금 혹은 별도의 통장이나 저축, 또는 투자금이 있는 경우이다.

3. 당신이 구매한 물건의 가격에 대해 배우자에게 거짓말하는 것. 재정적 부정직은 금액의 대소와는 상관이 없다. 또한 속인다는 것이 반드시 직접적인 거짓말인 경우만을 말하는 것은 아니다. 패니가 신발 바닥을 일부러 닳게 한 비언어적 행위는 줄스가 새 자전거의 가격을 거짓말로 말한 것만큼이나 똑같이 거짓말이다. 배신은 부정직에 있는 것이지, 돈의 크기나 속임수의 방법에 있는 것이 아니다.

4. 배우자에게 자신의 수입 혹은 자산을 속이는 것. 당신의 소득이 얼마인지 거짓말을 하는 것, 보너스를 숨기는 것, 순수익을 거짓으로 말하는 것, 가족 또는 친척으로부터 선물을 몰래 받는 것 등을 포함한다.

5. 과소비하며 구매한 물품을 배우자에게 숨기는 것. 패니의 새 신발, 트루디의 '반값' 골동품 등이 이에 해당된다.

6. 배우자에게 말하지 않고 자녀(크리스탈의 경우처럼)나 친척에게

돈을 주거나 돈을 쓰는 경우. 이는 자녀가 당신을 상대로 또는 부모 간 관계를 이용하여 교묘히 돈을 빼내고자 하는 바람직하지 못한 습관을 길러줄 수 있다. 이는 부부 간 관계를 해칠 뿐만 아니라 자녀들에게 부적절한 경제 습관을 심어줄 수 있다.

7. 배우자와 상의하지 않고 부모나 다른 가족 또는 사업 파트너, 은행, 비밀 신용카드 등을 이용해 비상금 대출이나 선물을 사는 것. 이러한 행위는 배우자를 존중하지 않는 것이며 서로의 관계를 해치는 것이다. 이는 배우자가 가족을 부양할 수 있는 능력이 없고 당신 부부의 재정적 문제를 함께 해결할 수 없음을 인식하고 있음을 은연중에 배우자에게 드러내는 행위이다.

8. 배우자에게 미리 알리거나 사전 동의 없이 공동 소유의 자본을 사용하여 투자를 하거나 사업 목적으로 지출하는 것. 예를 들어 사업 목적으로 기자재를 구입하기 위해 주택 담보대출을 받는 경우이다.

부부 간의 재정적 부정직은 어느 날 갑자기 생기는 게 아니다. 대개 갈등은 오랜 시간에 걸쳐 심화되며 부부 간의 다른 문제에서 기인하는 경우도 있다. 부정직한 문제가 대개 그렇듯이, 재정적 부정직도 꼬리가 밟히는 경우가 많다. 일단 발견되면 부정적 결말을 맺으리란 것은 쉽게 예측할 수 있다.

다음 제시된 사례들은 비밀 지출과 재정적 부정직을 야기할 수 있는 상황들이다.

1. 돈문제에 대해 말하지 않는 것. 재정문제를 배우자와 함께 해결하려면 서로의 우선순위와 목표 그리고 어려움을 언제든지 공유할

수 있어야 한다. 재정적 필요에 대해 상의하며 서로의 수입과 담보, 그리고 순수익을 공유해야 한다. 그렇지 않는다면 그들은 공동의 소비 계획을 수립하고 관리할 정보가 없게 된다.

2. 한쪽 배우자가 가족의 재정에 관심이 없을 때. 부부 공동의 세금정산 내역을 보지도 않고 서명하는 경우, 통장관리에 전혀 관여하지 않는 경우, 상대 배우자에게 모든 납부금을 처리하게 하는 경우, 재정관리에 대해 배우려고조차 하지 않는 경우 등이 이에 해당된다. 한쪽 배우자가 잘 모르거나 관심이 없다는 것이 상대 배우자가 속이거나 거짓말을 하는 것을 정당화하는 것은 아니다. 그러나 이러한 수동적 자세는 책임을 포기하는 것이며, 부부 관계의 재정적 면에서의 평등한 파트너로 살기를 거부하는 것이다.

3. 한쪽 배우자를 재정적으로 왕따시키는 경우. 한쪽이 가족의 재정을 독단적으로 해결하려고 하거나 상대방의 소비에 비합리적인 제한을 한다면, 상대 배우자는 무력감을 느끼게 된다. 또한 이는 상대 배우자로 하여금 돈 쓴 것을 감추고 돈문제를 비밀로 하게끔 만든다.

4. 소비에 대해 한쪽 배우자는 '부모'처럼, 다른 배우자는 '애들'처럼 되는 관계. 이런 관계는 특히 부부 중 한쪽이 재정에 대해 더 책임을 지거나 혹은 한쪽이 다른 쪽보다 훨씬 더 많은 소득이 있을 때 생기기 쉽다. 한쪽 배우자가 자기 배우자의 소비 내역을 감시할 필요가 있다고 느끼거나 공동 자금을 소비할 때 한쪽 배우자만 승인하는 경우 돈에 있어서 동등한 지위를 가지고 있다고 볼 수 없다. 이러한 불평등은 부부 관계에 불만이 쌓이게 하며, 금전문제에 '비밀'을 생기게 하는 원인이 된다.

5. 실제와 일치하지 않는 은행계좌와 신용카드 내역서를 보고 묵인하는 경우. 재정적 부정직은 항상 꼬리를 남기게 된다. 비밀 지출은 분명 어딘가에서 나오게 된다. 알 수 없는 출금 내역이나 신용카드 계좌의 씀씀이, 그리고 비정상적으로 높은 생필품 지출금액은 배우자가 돈문제를 비밀로 하고 있음을 나타내는 신호일 수 있다.

6. 예산에 비해 과도한 지출에 대해 신경 쓰지 않는 것. 배우자가 고급 백화점이 아닌 월마트에서 쇼핑을 한다고 해도 쇼핑 때마다 수많은 쇼핑백을 짊어지고 들어오는 것은 큰 지출이 계속되고 있다는 것을 뜻한다. 사들여 오는 새 물건들에 전혀 관심이 없는 배우자는 정말로 능력 없는 바보거나 아니면 어려운 돈과 관련된 현실에 직면하게 될 질문들을 일부러 묻지 않는 경우일 수도 있다.

7. 해결되지 않은 부부 갈등이 존재하는 경우. 고통스러운 부부 관계에서는 한쪽 배우자가 '당한 대로 돌려주기' 위해 소비를 하는 경우가 있다. 또한 자신의 기분을 달래거나 부부 간의 갈등을 잠시 잊기 위한 방법으로 소비 행위를 할 수도 있다.

재정적 부정직은 대개 부부 관계의 다른 갈등과 얽혀 있는 경우가 많으며, 대개 그 갈등을 악화시키는 경향이 있다. 비밀로 하는 금전 행위는 많은 경우 금전 행위 그 자체보다는 그 이면에 문제가 있다.

돈과 관련된 비밀의 심각함 정도는 다양하다. 새로 산 귀걸이를 깜빡하고 말하지 않은 것은 몰래 대출을 받거나 부부 공동자금에서 몰래 현금인출하는 것에 비해 부부 신뢰에 덜 유해할 것이다. 거짓말의 정도가 심각할수록, 혹은 거짓말의 패턴이 반복적일수록, 부부 관계에 미치는 배신감과 스트레스는 더욱 가중된다.

그러나 돈과 관련된 비밀이 항상 재정적 부정직으로 규정되지는 않는다. 배우자의 생일 선물을 사기 위해 몰래 돈을 저축하는 것은 내가 쓰려고 산 컴퓨터 부품의 가격을 거짓말로 말하는 것과는 엄연히 다르다. 또한 부부 간에 각자가 쓰는 돈 한두 푼까지 모두 서로에게 설명하기를 바라는 것도 비합리적이다. 부부가 자산을 공동으로 관리하기로 했어도 각자의 용돈을 갖거나 또는 개별적으로 자유로이 쓸 수 있는 별도의 계좌를 갖는 것은 중요하다.

재정적 부정직을 해결하기 위해서는 먼저 금전 관련 비밀에 대해 건설적/파괴적인 성격 여부를 구별할 수 있어야 한다. 이를 구분하는 기준이 모두에게 같을 수는 없다. 부부는 제각각 어떤 것이 서로 간의 신뢰에 도움이 되는 비밀인지 또 어떤 것이 부정직의 비밀인지를 스스로 생각해 볼 필요가 있다.

금전 관련 비밀이 부부 간 신뢰에 악영향을 미치는지 아닌지를 결정하는 중요한 기준은 그 비밀에 내재된 의도이다. 비밀로 하는 목적이 그 금전 행동의 결과로부터 당신 자신을 방어하기 위한 거라면 그것은 부정직의 영역이다.

안전한 재정 관계 만들기

배우자가 서로 신뢰할 수 있고 안전한 재정 관계를 맺을 수 있는 한 가지 방법은 다음의 S·A·F·E 계획을 따르는 것이다. 진실을 말하며(Speak your truth), 부부 공동의 금전관리 계획에 동의하고(Agreement), 그 동의한 것을 지키며(Follow), 비상 대응 계획을 세우는 것이다(Emergency).

진실을 말하라. 파괴적인 금전 관련 비밀에 대해 서로 이야기하고 그동안의 행동방식을 바꾸며 부부 간의 관계를 회복하는 것이 첫 번째 단계이다. 진실을 말하는 것이란 돈과 관련된 당신의 모든 생각과 감정, 바람, 행위 등에 대해 당신 스스로와 당신 배우자에게 솔직해지겠다는 약속을 의미한다. 이는 말하기는 쉽지만 실천하기란 아주 어렵다. 우리는 보통 해결하기 어려운 주제에 대해서 자기 스스로에게조차도 자기 진짜 생각과 감정을 인정하지 않곤 한다. 더구나 자기 배우자에게 그런 껄끄러운 일들을 말하기란 쉽지 않다.

금전 관련 비밀은 두려움이나 부끄러움, 죄의식, 화, 원한 같은 마음 깊숙한 곳의 고통스러운 감정에서 나오기도 한다. 그러한 감정을 자기 자신 또는 배우자에게 말하고 인정하는 것은 정말로 두려운 일이다. 하지만 만족스러운 관계를 만들고 유지하기 위해서는 그런 과정이 반드시 필요하다.

당신의 금전적 비밀 행동을 말하려 하든, 또는 당신의 배우자가 지금까지 해온 거짓말에 맞서려고 하든, 그러한 비밀의 이면을 이해하기 위해서는 각자의 머니스크립트를 아는 것이 중요하다는 사실을 항상 기억하라. 머니스크립트를 이해하는 것은 금전 관련 비밀의 이면에 있는 부부 갈등의 근본적인 원인을 아는 데 아주 중요하다.

진실을 말하는 것에는 돈에 대한 갈등이 일어나는 상황에 대한 자신의 책임을 인정하는 것이 포함된다. 금전문제는 아무것도 없는 진공 상태에서 일어나는 것이 아니며, 어느 누구도 금전적 갈등에 있어 '무고한 방관자'가 될 수 없다는 것이 우리가 그간 경험한 것이다. 건전한 관계를 만들기 위해서는 일어난 문제에 대해 당신이 50% 책임이 있다 해도 그의 해결에는 100% 책임이 있음을 기꺼이 수용하려는 의지가 중요하다. 이러한 태도로 접근한다면 당신의 50% 부분에 대해 개선의 여지가 있음을 알기 때문에 관계를 변모시키는 데 더 이상 무력함을 느끼지 않게 된다.

부부 공동의 금전관리 계획에 동의하라. 이 계획에는 두 가지 핵심적인 요소가 있다. 첫째는 현재의 부부 관계에서 문제를 야기하는 금전적 갈등 이슈를 해결하기 위한 계획이다. 이는 부부가 서로 도와 각자의 머니 스크립트를 확인하고, 재무코치나 재무치료사의 도움을 받도록 하며, 재정적 부정직과 같은 문제를 일으키는 행동을 바꾸도록 하는 것이다.

두 번째 요소는 당신의 돈을 관리할 수 있는 계획이다. 자신에게 잘 맞는 방식을 만드는 것이 중요하다. 모든 부부에게 모두 맞는 것이란 없기 때문이다. 예컨대 어떤 부부는 모든 자산을 공동으로 관리하는 반면, 다른 부부는 돈을 각자가 따로 관리하는 것을 선호한다. 두 가지 방법 모두 효과적일 수 있다. 하지만 어떤 경우이든 현명하다고 여겨지는 두 가지 조건이 있다. 하나는 각각의 배우자로 하여금 별도의 일정 금액을 개인 용돈으로 인정하여 그 소비에는 완전한 독립과 프라이버시를 주는 것이다. 다른 하나는 서로 상의 없이는 부부 공동계좌에서 일정량 이상의 돈을 쓰지 않겠다고 약속하는 것이다. 이 외에도 소비 및 저축 계획, 부채상환 계획, 미래에 대한 투자, 사회 기부, 그리고 부동산 관리 등에 대한 계획을 서로 합의하여 만드는 것이다.

공동의 금전관리 계획을 세운 후 부부 모두가 기쁘고 서로에 대해 자랑스러워하며 그 계획의 실천에 대해 열정적이게 된다면 당신은 훌륭한 금전관리 계획을 만든 것이다. 만약 부부 중 한 명이 상대를 기쁘게 하기 위해 꺼림직한 마음으로 동의했다거나, 대부분의 계획을 한 배우자가 세우고 이에 대해 다른 배우자가 유감스러워한다면, 그 부부의 계획은 실패할 수밖에 없다. 바람직한 금전관리 계획은 부부가 스스로에게 솔직해질 수 있는 좋은 기회이다. 부부가 서로 동등하다고 느끼며 각각의 필요가 충족되는 것이다.

동의한 것을 실천하라. 동의된 사항은 부부가 그것을 소중히 여기고 실천할 때만이 가치가 있다. 만약 당신이 처음으로 부부 공동의 금전관리 계획을 세우려고 한다면 60~90일 정도의 기간을 염두에 두고 시작하는 것이 좋다. 그 기간이 끝나면 부부가 함께 그 결과를 검토해 보라. 그동안 그 합의서에 명시된 것뿐만 아니라 그 정신까지도 잘 실천해 왔는지를 자문해 보라. 부부 중 한 명이라도 거짓말을 했다면 그 공동 계획은 제대로 실행될 수 없는 것이다. 만일 부부 중 한 명이라도 동의한 대로 지키기 어려웠다면 이는 동의한 내용이 문제든가 또는 계획을 실천하고자 하는 의지가 부족하든가이다. 어떤 경우든 협의해서 더 효과적인 강력한 것으로 만들어야 한다.

부부 공동 금전관리 계획에서 또 하나 중요한 점은 실천 과정에서 그 계획을 지원해 줄 인프라 시스템을 마련하는 것이다. 이 시스템은 대개 다음의 네 가지 요소로 이루어진다.

1. **행동** : 당신의 계획을 수행하기 위한 일련의 행동을 말한다. 예로, 부채상환 계획을 논의하기 위해 대출기관을 방문하는 것, 신용카드 사용을 줄이는 것, 금전관리 관련 수업을 듣는 것, '기분전환용' 쇼핑 및 온라인 쇼핑을 줄이는 것, 재무설계사를 이용하는 것, 재무상담가나 재무코치를 만나는 것 등이다.

2. **지원 네트워크** : 이는 자신의 계획을 견지해 줄 재무설계사나 재무 코치와 같은 제3자를 이용하는 것이다. 또는 재무치료사, 재무문 제에 도움을 줄 수 있는 다른 가족, 사업상 파트너, 회계사 같은 멘 토를 만나는 것도 도움이 될 수 있다.

3. **금전관리 도구** : 예산 수립을 지원하는 소프트웨어 프로그램, 책, 수업, 회계장부 담당자나 회계사의 서비스를 이용하는 것 등을 말 한다.

4. **도구 변경** : 재무상담사나 코치의 도움, 돈과 관련한 사항을 다루는 워크숍 참석, 도박 버릇을 고치는 프로그램 참석 등이 있을 것이다.

비상 대응 계획을 세워라. 이는 부부 공동의 금전 계획을 실천하기 위한 중요한 부분이다. 만약 당신이나 배우자가 이를 지키지 못할 경우, 계획을 변경하고자 하는 경우, 어떤 이유에서든지 계획이 실패할 경우를 미리 계산해서 계획하는 것은 당신의 금전 계획이 성공할 가능성을 높여 준다. 필요한 경우 외부의 도움을 신속히 받을 수 있는 수단을 마련할 수 있다. 비상 대응 계획의 예시는 다음과 같다.

- 어떤 장애에 부딪혔을 때 제3자의 조언을 따르는 것에 동의하는 것 (재무치료사 같은)
- 부부 중 누군가가 계획에 문제가 있다고 느낀다면 부부가 함께 도 움을 모색하기 위해 같이 협력할 것에 동의하는 것
- 계획에 어긋나는 행동에는 구체적인 일정한 제재가 가해지는 것에 동의하는 것
- 어떤 문제와 관련된 상의에서 참여 규칙(다음에 나오는 연습과 같

이)을 정하고 지키는 데에 동의하는 것

무릎 대 무릎 훈련과 협상 가이드라인

이 방법은 매우 어려운 문제에 봉착했을 때 생산적으로 해결해 나갈 수 있는 가이드라인을 제시한다. 부부가 민감한 문제에 대해 상의하려 할 때 이 방법은 매우 효과적일 수 있다. 여기서 목표는 협상과 타협이다. 명심하라! 건전한 관계에서 어느 한쪽이 자기가 원하는 모든 것을 갖는 경우란 거의 없다. 다음의 예에서는 명료함을 위해 부부 중 남자는 A로 그리고 여자는 B로 표현하였다.

1. A는 문제가 되고 있는 것을 말하고 B에게 논의할 시간을 내줄 것을 요구한다. 그들은 시간 약속을 잡고 그 시간에 다른 일이 생기지 않도록 약속한다. 이러한 과정은 문제를 간단하게 만들고 문제가 되는 사안에 집중하게 만든다. 상의할 시간을 정하는 것도 좋다. 만약 문제되는 사안이 여럿이라면 상의를 시작하기 전에 문제들의 우선순위를 정하라. 일정 시간을 미리 정함으로써 각자가 상의를 준비하고, 집중할 수 있도록 한다. 이는 감정이 섞인 문제에서 늘 그렇듯이 부부가 서로를 비난만 하면서 정작 상의해야 할 이슈에 대해서는 얘기도 해보지 못하고 지나가게 되는 상황을 피할 수 있다.

2. A와 B는 무릎을 맞대고 서로 마주 보고 앉는다.

3. A와 B는 문제가 되는 사안에 대한 자신의 감정을 되새겨 보고 그 감정의 정도를 1(낮음)에서 10(높음)으로 계량화한다. 만약 그 정도가 6을 넘는다면 그 부부는 이 문제에 대해 토론할 준비가 되어 있지

않은 것이다. 이런 경우 15분에서 30분 정도 감정을 정리하고 다시 모이는 것이 좋다. 상의 도중에라도 부부가 감정의 정도가 6 이상으로 느껴지면, 진행 중인 상의를 잠시 중단하고 마음을 진정시키는 것이 좋다. 잠시 여유를 갖는 시간에는 문제가 되는 사안을 지속적으로 생각하는 것보다는 생각을 잠시 멈추고 침잠하는 것이 좋다. 이 쉬는 시간에는 논의를 앞으로 진전시키기 위해 어떻게 다르게 행동할 수 있을까를 각자 고민하기를 권고한다.

4. A가 사안에 대해 3~5분 정도 간단히 자기의 의견을 발표한다. 그는 '1인칭'을 사용하여 해당 문제와 관련하여 그가 필요한 것이 무엇이고 그가 무엇을 기꺼이 양보할 수 있는지에 대해 말한다.

5. A는 자신의 내용 중 명료하지 않은 부분이 있는지 B에게 물어본다. 이것은 A의 관점에 대해 동의하는지를 물어보는 것이 아니고, B가 A의 주장을 완벽하게 이해했는지를 알아보는 것이다. 그리고 B는 회고적 듣기를 이용하여 그녀가 들었던 내용을 다시 말한다 ("내가 들은 바에 의하면 당신은……"라고 말했다와 같이). 만약 A가 자기가 한 말에 대한 B의 회고에 동의하지 않는다면, A는 자신이 의도했던 말을 다시 확인할 기회를 얻는다.

6. A의 주장을 B가 완벽히 이해했다면 이번에는 B가 자신의 주장을 말한다.

7. 역할을 바꾸어 5의 과정을 한다.

8. A는 문제를 해결하기 위해 B에게서 필요한 것을 한 가지 말하고, 동시에 자신이 기꺼이 할 용의가 있는 것도 한 가지 말한다.

9. B는 이를 듣고 정확하게 이해한다.

10. B는 (a) 그 제안에 동의하거나, (b) 부분적으로 동의하고 자신의

다른 의견을 제시하거나, (c) 그 제안을 거절하고 자신의 의견을 개진한다.

11. 부부는 서로가 동의한 사안에 대해 다시 확인하고, 다음 단계로 가기 전에 그를 기록으로 남긴다.

12. 첫 번째 사안에 대해 동의가 이루어지면, 이제는 B의 차례가 된다. B는 문제의 해결을 위해 그녀가 A에게서 필요한 것 한 가지는 무엇이며 동시에 자기가 기꺼이 수용할 수 있는 한 가지는 무엇인지를 말한다.

13. B의 제안에 대해서 9~11번 단계를 반복한다.

14. 문제가 다 끝났다고 느낄 때까지 8~13번 단계를 반복한다. 또는 부부가 시간을 가질 것에 동의한다면 다음번에 논의를 계속한다. 대부분의 경우 한 가지 사안에 대해 15분 이상 토의하는 것은 바람직하지 않다. 너무 길게 하는 토의는 봉착 상태나 다툼의 신호인 경우가 많기 때문이다. 만약 부부가 각자의 제안에 대해 어느 부분도 동의하지 않는다면, 잠시 토의를 중단하고, 가능하면 조력자의 도움을 받아 후에 다시 토의하도록 하라.

부부가 함께 합의에 이르렀으면 이제는 다음을 따르라.

1. 약속을 **행동화**하라. 다음의 질문에 대해 대답해 보도록 하라. "합의한 사항들을 우리가 잘 지키고 있는지 어떻게 알 수 있을까?" 또는 "우리는 어떤 행동들을 보게 될까?"

2. 합의사항은 기한이 있어야 한다. 합의사항을 **평가할 날짜**를 정하도록 하라(일반적으로 30, 60, 90일 단위로). 재평가를 하도록 하며,

합의사항을 유지할지, 변경할지 또는 중단할지 결정하도록 하라.

3. 부부 중 한 명 혹은 모두가 합의사항을 지키지 않았을 경우의 **백업 플랜**을 마련하라.

4. 가능하다면 부부가 모두 믿을 수 있는 중립적인 수행 조력자의 이름을 미리 확보하고 있어라.

이 외에도 도움이 될 수 있는 추가 사항은 아래와 같다.

1. 필요할 때마다 자신의 감정을 점검하고, 이를 1(낮음)에서 10(높음)의 수치로 나타내라.

2. 감정 수치가 6 이상이면 잠시 중단하거나 시간을 가져라.

3. 만약 토의가 주제에서 벗어나거나 혼동되는 상황이 있다면 기본으로 돌아가라. "내가 당신이 말한 것을 들은 대로 말한다면……"; "내가 당신에게 필요하다고 생각하는 것은……" 혹은 "내가 기꺼이 하고자 하는 것은……".

4. 합의사항 및 (문제 해결의) 성공에 대해 서로 축하하라.

꿈과 목표 공유하기

부부가 성숙한 재정적 파트너가 되기 위해서는 자신의 인생의 꿈과 목표 그리고 성공에 대해 배우자와 함께 공유하는 것이 중요하다. 이러한 과정을 통해 부부 관계가 더욱 친밀해지며 꿈을 성취하기 위해 서로를 지원할 수 있게 된다.

우리는 부부에게 인생의 꿈과 목표에 대해 각자 생각해 보고 배우자와 공유하도록 권고한다. 이 과정은 앞 장에서 다뤘던 "시간이 없습니다." 훈련을 이용할 수 있다. 여기서 다음을 이용하는 것이 도움이 될 것이다.

- 나는 무엇을 좋아하는가?
- 우리는 무엇을 좋아하는가?
- 우리는 부부로서 무엇이 되고 싶고 어떻게 살고 싶은가?
- 나의, 당신의, 우리의 이루지 못한 소망은 무엇인가?
- 우리의 개인적 꿈은 무엇인가?
- 부부로서 우리의 꿈은 무엇인가?
- 우리가 반드시 성취하고자 하는 것은 무엇인가?
- 우리가 가고 싶은 곳은 어디인가, 죽기 전에 우리는 무엇을 경험하고 싶은가?
- 우리는 어떻게 우리의 가치와 일관되게 삶을 살 것인가?
- 지금 우리가 후회하는 일은 무엇인가?
- 그 후회하는 일에 대해 우리가 지금 할 수 있는 것이 있는가?

돈은 미래의 당신의 목표와 밀접하게 연관되어 있다. 따라서 부부는 1년에 한 번 돈에 대한 논의에 집중할 여유를 가져야 한다. 이는 당신의 개인적 꿈과 목표뿐만 아니라 부부의 공동 목표를 더욱 명료하게 하기 위한 시간들이다. 이런 과정을 통해 부부는 재정적인 사안뿐만 아니라 다른 영역에서도 목표를 성취할 수 있는 계획들을 보다 원활하게 마련할 수 있다.

⤳ 돈에 대한 사고방식 바꾸기 : 배우자와 함께 금전 인식 재정립하기 ⤳

부부 관계에 있어 돈과 관련된 갈등을 거론하기 시작하는 데는 많은 용기가 필요하다. 이는 재정적 건강뿐만 아니라 부부 관계 그 자체를 위해 당신이 얼마나 노력하고자 하는지를 보여주는 것이 된다.

부부 관계에 위협이 되는 돈 관련 문제를 해결하기 위해서는 당신과 배우자가 서로의 머니스크립트를 심도 있게 이해하는 것이 중요하다. 본 장에서 다룬 여러 방법은 당신의 금전적 문제 해결에 지속적으로 이용할 수 있을 것이다. 당신이 점차 건전한 재정적 파트너십을 만들어 감에 따라 당신 부부는 서로가 더 성취적이고 풍요한 삶을 이끌도록 하는 데 도움을 주게 될 것이다.

10

재정적으로
건강한 자녀로 키우기

◆

Wired

for

Wealth

◆

· 제10장 ·
재정적으로
건강한 자녀로 키우기

당신의 머니스크립트 또는 부모 세대로부터 물려받은 머니스크립트를 보면 가족의 머니스크립트가 얼마나 큰 영향력을 행사하는지 알 수 있다. 당신 부모님의 머니스크립트는 말이나 행동을 통해 당신에게 물려주게 되었고, 당신의 머니스크립트 역시 자녀에게 대물림하게 된다.

당신이 재정적 건강을 성취한다면 당신의 자녀와 손자 손녀들에게 그러한 재정적 건강을 물려줄 수 있는 기회를 갖게 된다. 때로는 자녀의 바람직하지 않은 금전 관련 행동에 관여하여 고쳐줌으로써 당신 자녀로 하여금 금전을 다루는 보다 균형적인 기술을 가르칠 수가 있다.

당신이 자녀를 두지 않았다 하더라도 본 장은 당신의 머니스크립트의 근원을 이해하는 데 도움을 줄 것이다. 당신이 부모가 아니라 하더라도 당신은 삶의 과정에서 만나게 되는 여러 아이들에게 재정적 롤모델이 될 수 있다는 것을 명심할 필요가 있다.

⟶ 행하는 것은 말로 하는 것보다 영향력이 크다 ⟵

당신이 재정적 건강을 성취하는 것은 자녀에게 균형 잡힌 금전 행동을 가르칠 수 있는 가장 좋은 방법이다. 다른 일에서도 마찬가지지만 특히 돈문제에 있어 자녀는 부모가 이래라저래라 말하는 것보다 부모가 실제로 행하는 것을 봄으로써 훨씬 더 많이 배운다. 당신 자신의 머니스크립트에 무엇이 문제가 있는지를 알아내고 고쳐서 재정적으로 건전한 행동을 하는 것은 당신 자녀의 건강한 재정적 발달을 가져올 수 있는 최선의 길이다. 당신 자신이 먼저 자녀가 배우기를 원하는 금전 행동을 함으로써 자녀에게 모델이 되도록 하라.

당신의 머니스크립트에 대한 이해는 당신과 자녀 사이의 상호작용이나 이슈 (혹은 지속적인 갈등)에 대해 상당한 통찰을 제공한다. 예를 들면, 더그(Doug)는 자라면서 항상 부모나 조부모로부터 "너는 먹을 것이 있고, 머리 위에는 지붕이 있다는 것에 감사히 생각해야 한다. 그 이상의 것을 원한다면 너는 나가 돈을 벌어야 한다."는 말을 듣곤 했다.

그가 8살이 되었을 때 더그는 나이를 속여 그의 일생에 첫 번째 1인 신문배달을 시작했다. 40년이 지나도 더그는 여전히 열심히 일하고 있다. 그는 재정적으로 성공했으며 아직도 그의 가족의 머니스크립트인 "네가 무엇이든 그 이상을 원한다면 돈을 벌어 그를 얻어야 한다."를 따르고 있다. 더그와 그의 부인은 두 자녀가 원하는 무엇이든 사줄 능력이 있었으며, 딸들이 자기보다는 좀 더 편하게 어린 시절을 보내기를 바랐다. 그러면서 동시에 그의 머니스크립트는 자녀들은 일을 해서 그들이 원하는 것을 얻어야 한다는 것이었다.

이러한 내적인 갈등 때문에 더그는 그의 딸들에게 일관되게 대하지 못했다. 때로는 마음껏 주는가 하면 때로는 자녀들의 당연한 요구에도 '안 돼' 하고 거절하는 일을 반복했다. 그는 자녀들이 직접 일을 하여 돈을 벌기보다는 좋은 성적을 얻거나 부모님 말씀을 잘 듣고 바른 행동을 함으로써 용돈을 획득하기를 기대했다.

더그에게는 이러한 핵심적 머니스크립트를 받아들이고 재정립하는 것이 자녀들에게 금전 관련 균형감을 갖도록 하게 하는 중요한 일이었다. 자기 자신의 행위에 대해 먼저 이해를 하게 되면서 더그는 부인과 함께 그의 두 자녀에게 보다 일관적이고 균형적인 기대를 하게 되었다.

⌒ 돈에 대해 당신이 가르치지 않은 것은 사회가 가르치게 된다 ⌒

우리의 문화는 돈에 관한 한 파괴적 상태에 있다. 역사적으로 높은 부채비율, 압류, 부채지급불능, 기타 재정적 곤궁에도 불구하고, 우리는 계속 소비만 해왔다. 우리는 보통 사람들의 수준을 유지하려고 계속 애쓰고 있는데, 실제로 보통 사람들은 빚에 허덕이고 집도 거의 잃을 판국에 있고 새로 산 캐딜락도 할부금이 연체되어 회수될 처지에 놓여 있다는 것을 깨닫지 못하고 있다. 우리의 자녀들은 Lifestyle of the Rich and Famous를 보여주는 TV 프로그램을 보면서 자라는데, 이들은 가장 값비싼 파티나 비싼 주택, 비싼 장난감을 가진 자들이 승자라는 것을 가르친다.

재정적으로 건강한 자녀를 기르고자 한다면, 부모는 바로 이러한 돈과 관련된 해악한 메시지에 대항하고 자녀들을 올바로 교육해야 한다. 이는 생각보다 훨씬 더 어려울 수 있다. 우리 중 많은 사람들은 돈에 대해 생각하는 것, 특히 자신의 재정적 상황의 불편한 현실을 생각하지 않으려 한다. 더구나 우리는 돈에 대해 말하지 않도록 교육받았고, 사실은 돈에 대해서는 남에게 말하지 말라고 들어왔다. 그러나 돈을 관리하는 법은 운전이나 요리, 세탁하는 법을 아는 것과 같이 삶의 필수적인 기술이다. 10대 자녀들을 아무런 주의사항도 없이 차바퀴 뒤에 둔다는 것은 생각조차 하지 않으려 할 것이다. 그런데도 우리는 자녀들을 아무런 안내도 없이 그들의 첫 번째 급여를 다루도록 그냥 내버려두는 무모함을 행한다.

다시 한 번 강조하건대, 당신이 자녀에게 돈에 대해 교육하려고 의식적으로 노력을 하든 안 하든 상관없이 가정은 자녀들이 교훈을 얻는 일차적인 장소이다. 만약 여러분이 돈과 불균형적인 관계를 맺고 있다면, 당신은 당신 자녀에게 그와 똑같은 것을 가르치는 것이 될 것이다. 만약 당신이 외부의 도움이나 개입 없이 재정적 안정 상태에 있다면, 당신의 자녀도 그와 비슷한 방식으로 스스로를 규제할 가능성이 크다. 자녀들은 훈육에 의해서가 아니라 실제 예를 보고 배운다.

학교는 금전문제에 대해 오직 제한된 훈육만을 할 수 있을 뿐이며, 그 대부분도 학생들의 머니스크립트가 견고히 자리 잡은 후에야 이루어진다. 현대 소비자 중심 사회에서 금전과 관련한 대부분의 메시지는 건강하지 못하며, "이것은 사야만 됩니다.", "여러분은 저것을 가져야만 합니다.", "모든 사람이 이런 것을 필요로 합니다." 등의 수도 없이 많은 메시지가 반복된다. 이러한 메시지가 자녀에게 내재화되지 않으려면 당신에 의해 제재되어야 한다.

～ 고군분투의 가치 ～

한 마리 나방이 누에고치로부터 탈출하고자 고군분투하는 모습을 보고 있는 어린아이에 대한 이야기가 있다. 새로 태어나는 것에 대해 연민을 느끼며 그 고난한 투쟁에서 끝내주기를 원하면서 그 어린아이는 고치를 찢어 나방이 자유롭게 날아가도록 하였다. 하지만 나방은 날갯짓을 하다가 몇 미터도 못 가 땅바닥에 굴러 떨어지고 만다. 고치로부터 밖으로 나오기 위한 온갖 분투의 노력이 거세되었기 때문에 그 나방은 날개를 이용하여 혼자 생존할 수 있는 힘이 부족했던 것이다.

마찬가지로 당신이 자녀의 행동과 그로 인한 결과가 어떻다는 것을 가르치는 고군분투에 끼어들 때 자녀에게서 그들이 가장 필요로 하는 힘을 빼앗아 버리는 결과가 된다. 자녀들이 이러한 자연적 결과의 많은 부분으로부터 보호되기 때문에(적어도 상당 기간 동안) 인위적으로 결과를 만들어 자녀로 하여금 배우도록 하는 것은 부모에게 달려 있다.

잘못된 의사결정으로 인한 불편함에서 자녀들을 구해 내는 것은 자녀의 배움과 성장을 막는 것이다. 이러한 것들은 그들이 언젠가는 배워야 할 일들이며, 어린 나이에 겪는 실망이 나중에 어른이 된 다음에 딜레마에 빠지는 것보다 훨씬 낫다. 돈의 의미와 돈과의 적합한 관계는 부모가 자녀에게 가르쳐야 할 중요한 일 중의 하나이다.

부모로서 당신은 당신의 자녀에게 최고를 주기를 원한다. 그러나 자녀가 원하는 모든 것을 주는 것이 그들에게 최고를 주는 것은 아니다. 당신이 자녀에게 가르칠 수도 있는 가장 나쁜 교훈의 몇 가지 예를 보면 (1) 너는 네가 원하는 모든 것을 가질 수 있으며, 그런 것들을 얻기 위해 청소를 한다거나 학교에서 열심히 공부한다거나 할 필요는 없다. (2) 나는 네가 재정적으로 문제가 있을 때 항상 구출해 줄 것이다 같은 것들이다.

자녀가 재정적으로 건강하게 자라도록 돕고 싶다면, 다음과 같은 내용을 제안한다.

한계를 정하고 그를 꼭 준수하라. 부모들이 저지르는 큰 잘못 중 하나는 자녀에게 제한을 정하지 않는 것이다. 예를 들면, 자녀에게 용돈을 준다면, 맨 먼저 이 용돈으로 해야 할 일들이 무엇인지를 명료히 해야 한다. 그런 다음 당신도 그러한 규칙을 꼭 준수해야 한다.

열 살인 클라리사(Clarissa)는 자기가 원하는 장난감은 모두 자기 용돈을 절약해서 해결해야 했다. 어느 날 엄마와 쇼핑몰에 갔는데 최신의 정말 멋진 전자장난감을 보았다. 그것은 마침 세일 중이었지만, 그동안 저축을 하지 않았기 때문에 살 돈이 없었다. 그녀의 엄마는 클라리사의 애걸에 마지못해 그것을 사주고 말았다. 엄마는 클라리사를 엄청 화나게 하고 그래서 반나절 동안 엄마가 미워서 쳐다보지도 않는 상황을 피하긴 했으나, 결국 장기적으로 봤을 때 클라리사에게 좋지 않은 일을 한 셈이었다. 그것이 적절하든 안 하든 간에, 로비를 함으로써 원하는 것을 얻을 수 있다는 교훈을 준 것이다. 그러나 엄마가 '안 돼' 하는 말을 했다면, 클라리사는 자기 돈을 다 써버렸을 때는 더 이상 살 수가 없다는 것을 기억하도록 가르친 것이 될 터이고, 그래서 다음에는 저축을 더 열심히 하게 되었을 것이다.

결과를 경험하도록 하라. 자녀에게 금전 관련 선택을 할 기회를 줌으로써 (어려서 아직 위험이 적을 때) 그 결과를 경험하도록 할 수 있다. 이는 부모로서 당신이 자녀에게 가르칠 수 있는 매우 지혜로운 일이다. 열두 살 된 자녀가 모든 용돈을 즉시 다 써버리는 습관 때문에 그가 갖고 싫어 하는 비디오 게임을 살 수 없었다면, 이러한 경험은 저축의 중요성에 대해 매우 가치 있는 교훈을 주는 것이다. 그 당시에는 고통일 수 있지만, 10년 후 주당 급여를 몽땅 다 써버리고 집세를 내지 못해 당하는 고통보다는 훨씬 덜하다. 이러한 것들은 자녀들이 꼭 배워야 할 일임을 명심하라. 그리고 이러한 것들을 아동기의 안전지대에서 배우느냐 아니면 성인이 되어 위험도가 훨씬 더 클 때 배우느냐 하는 것은 상당 부분 부모인 당신에게 달려 있다.

자녀의 능력을 과소평가하지 마라.　용돈을 받아 쓸 정도의 자녀들은 돈이 어떻게 작동하는지에 대해 당신이 생각하는 것보다 훨씬 더 잘 이해하고 있다. 자녀들이 금전적 의사결정에 대해 하는 질문에 대해 가볍게 넘기지 말고 눈높이에 맞춰서 잘 설명해 주는 일이 필요하다.

부모로서 같이 논의하라.　이삭(Issac)은 토요일 오전엔 아빠와 함께 쇼핑을 하러 가곤 한다. 그들은 종종 캔디가게에 들러 맛있는 것을 사먹곤 했는데, 아빠는 이삭에게 "절대 엄마에게 말하지 마. 만약 말하면 더 이상 못 사줘!" 하고 말했다.

　이런 종류의 담합과 비밀은 특히 이혼한 부모에게 자주 일어나는데, 자녀들이 부모 양쪽에 대해 한쪽과 다른 쪽에 대해 플레이하도록 가르치는 결과를 불러올 수 있다. 자녀에게 다른 쪽의 부모에게는 비밀로 하고 돈을 준다든가, 다른 쪽의 부모가 가르치려고 하는 것을 방해하는 어떤 행위를 한다면, 이는 부모 자신들의 관계에도 해가 될 뿐만 아니라, 자녀가 금전에 대해 갖는 관계에 해로운 영향을 줄 수 있다. 양쪽 부모가 자녀 및 금전에 대한 견해가 서로 다르다면 부모가 먼저 그러한 차이를 해결하여 자녀에 대해 부모가 한 팀으로 대하는 것이 필요하다. 만약 그렇지 않는다면 자녀들은 설령 다른 관계에 있어서는 정직하다 할지라도, 자신의 금전 행위에 대해서는 비밀을 간직한 채 자랄 수 있다.

～ 실제 가족의 예 ～

빌과 캐럴 스토우 부부는 자신의 아들인 알렉스와 딸인 린세이에 대한 그들의 금전 훈육 방식에 대해 우리와 공유하였다. 이 가족의 방식은 우리의 열 가지 머니스크립트에 있는 "돈에 관해 이야기하는 것은 점잖지 못하다."에 직접적으로 반하는 것으로, 오히려 그들의 철학은 "자녀와 돈에 대해 이야기하는 것은 필수이다."로 요약될 수 있다.

회계사이자 재정상담사인 빌은 그의 고객들을 통해 가족이 가장 큰 실수를 하는 것은 바로 금전문제에 대해 서로에게 비밀로 한다는 것이었다. 그와 그의 아내는 자녀들에게 금전 상황에 대해 알려주기로 마음먹었다. 그들의 자녀는 가족의 수입과 순자산에 대해 알고 있었다. 그들은 가족의 중요한 재정문제를 결정하거나 가족의 장기적 재정 목표의 논의에 같이 참여하였다.

스토우 씨 가족이 재정적으로 건전한 자녀로 양육하는 데 이용한 7가지 필수 요소가 있는데, 다음과 같다.

돈에 대해 비밀로 하지 마라. 돈은 스토우 씨 가족에 있어 터부시되는 주제가 아니다. 린세이와 알렉스는 돈문제에 대해 질문을 할 수 있을 뿐만 아니라 질문을 하는 것은 바람직한 행동이라고 교육을 받았다. 그들은 큰돈이 들어가는 가족의 구매에 대해 같이 논의하는데, 이는 그들이 비교구매를 하든지, 신용을 현명하게 이용하든지, 결정을 하기 전에 먼저 정보를 조사하는 것들에 대해 배우는 데 도움이 된다. 빌은 "금전문제에 대해 아이들은 수없이 많은 의문을 품는데, 답해 주는 사람은 없다.”고 말한다. 그와 그의 아내는 자녀들의 그러한 질문에 반드시 설명을 해주려고 하였다.

빌과 캐럴은 기회가 생겼을 때 돈이 어떻게 돌아가는지를 가르친다. 예로, 음악가인 아들 알렉스는 값나가는 바이올린을 가지고 있다. 최근 그 바이올린에 손상이 생겼을 때 빌과 알렉스는 보험회사에 청구서를 제출하여 악기를 수리하는 일을 같이 진행하였다. 이는 알렉스로 하여금 보험이 어떻게 작동하며, 값비싼 물건들을 보호함에 있어서의 보험의 가치에 대해 배우도록 하는 기회가 되었다.

자녀로 하여금 스스로 결정하고 실수를 할 수 있는 기회를 주라. 알렉스와 린세이는 그들이 받은 용돈이나 선물로 받은 돈에서 얼마를 쓰고 얼마를 저축하는지 스스로 결정할 수 있다. 그들은 스스로 자신의 재정적 균형을 찾을 수 있도록 배우고, 그래서 자신들의 선택 여하에 따라 얼마를 쓸 수 있고 동시에 얼마를 저축할 수 있는지를 스스로 깨닫도록 한다.

지혜로운 금전 행위에 대해 인센티브를 제공하라. 캐럴과 빌은 자녀들이 저축계좌에 저축하는 돈에 대해 일대일로 매칭해서 넣어준다. 즉, 자녀들이 100달러를 저축하면, 그들이 100달러를 매치시켜 총 200달러를 저축되도록 하는 것이다. 그들의 의도는 당장 저축을 고무시키는 것도 있지만, 그들의 아들과 딸에게 401(k)저축―고용주가 매칭자금을 더해주는―과 같은 기회를 이용하는 가치를 보여주고자 하는 것이다.

미래에 대해 계획하라. 결혼 다음날 빌과 캐럴은 결혼선물로 받은 축의금의 일부를 미래의 자녀들을 위한 저축계좌에 넣었다. 그 후에도 그들은 매년 정기적으로 그 계좌에 적금을 부었다. 알렉스와 린세이가 10대가 된 지금 이 자금은 이미 좋은 대학의 교육비를 충당할 정도로 충분한 금액이 되었다.

캐럴과 빌은 대학교육자금을 다 쓰면 그걸로 끝이라고 말했다. 그 이상의 대학교육자금이 필요하면 그것은 알렉스와 린세이의 책임이라고 했다. 그들이 만약 지혜롭게 예산을 세워 자기들의 대학교육자금을 다 쓰지 않고 남긴다면 그들은 남은 돈을 가질 수 있다. 대학 졸업 후 남은 돈은 그들이 원하는 대로 사용할 수 있다. 열네 살인 린세이는 그녀가 만약 전액 장학금을 받고 대학에 간다면 졸업할 때는 아주 큰 금액을 졸업선물로 받게 될 것이라는 것을 이미 알고 있다.

버는 것보다 적게 쓰고 살아라. 스토우 씨 가족은 자신들이 가지고 있거나 버는 돈에 대한 겸손의 미덕을 믿는다. 왜냐하면 중요한 것은 돈을 얼마나 버는지가 아니라 돈을 어떻게 쓰는지가 중요하기 때문이다. 그들은 현재 그들이 사는 것보다 더 많이 쓰면서 살 수도 있으나 그들은 과시적 소비를 좋아하지 않는다. 그들은 베푸는 것이야 말로 금전의 핵심적 사용임을 자녀에게 실제 본보기로 가르치고 있다. 그들은 부채도 필요할 때가 있지만 신중하게 사용해야 함을 이해하고 있다. 그들은 신용카드를 편의 용도만으로 사용하고 있으며, 일상생활비로는 절대 사용하지 않는다. 또한 부채를 되도록 가장 빨리 상환하도록 한다. 빌은 스스로 그럴 여유가 못 되는 차나 주택이나 장난감을 가지고 있는 사람들을 "자신의 삶을 리스(lease 빌리다)"하고 있다고 표현하였다. 빌과 캐럴은 자녀들과 가족의 소득과 순자산 관련 정보를 공유하지만, 자녀들에게 관련 정보에 대해 남들에게는 비밀을 지키도록 한다. 그들은 재정적 상황이 경쟁의 대상은 아니라고 믿는다.

목표를 세우고 목표 달성을 위해 재정적 자산에 대해 의식적 선택을 하라. 빌과 캐럴은 적절한 재정상황을 가지고 결혼 생활을 시작했으며, 결혼 초기부터 재정 목표도 세웠다. 이는 그들로 하여금 가족의 재정적 미래에 대한 전반적 전망을 가능하게 했으며, 나중에는 자녀들에게도 그 과정을 따라 하도록 할 수 있었다. 초창기의 목표는 빌이 그의 교육에 더 투자하여 MBA를 마치는 것이었다. 이는 직업과 소득 수준에서 성취를 이루도록 도왔으며, 마침내 캐럴이 직장을 그만두고 자녀들과 함께 가정에 있는 것이 가능해졌다. 앞으로의 목표는 빌이 50세가 되었을 때 직장에서 은퇴하는 것이다.

이러한 목표를 달성하기 위해서는 원칙과 협조, 미래 지향적 가치를 이해하는 것이 필요하다. 이러한 것들이 바로 스토우 씨 가족이 낭비하지 않고 살며 재정자원을 보수적으로 이용하도록 만드는 것이었다. 그렇다고 그들이 현재의 즐거움을 희생하며 미래의 목표에만 집착하지는 않았다. 그들은 가족 여행을 하는데, 예를 들어 한 해에 알래스카를 여행했으면 그다음 해에는 보다 가벼운 캠핑 여행을 하는 식으로 균형을 맞추었다. 여행과 같은 지출에 대한 결정은 자녀들과 함께하였으며, 그들도 충분히 가족 목표에 같이 협조하도록 했다.

캐럴과 빌 부부에게 재정적 안정과 자녀 교육은 모두 중요했다. 그들이 은퇴를 위한 투자를 시작했을 때 동시에 별도의 계좌에 자녀의 대학 교육을 위한 저축도 시작했다.

본보기를 통해 가르쳐라. 린세이가 여섯 살 때 엄마와 함께 가게에 갔는데 캔디 한 봉지를 들고, "이거 세일인데 살 수 있나요?" 하고 물은 적이 있다. 어린 나이지만 그녀는 부모가 세일 중인 것에 유의하면서 시장을 본다는 것을 알고 있었다. 스토우 씨 가족에게 검소는 몸에 밴 습관이며 핵심 가치이다. 자녀들은 그들 스스로 그 가치를 수용했는데, 이는 주로 부모가 하는 모습을 보면서 배운 것이다.

빌과 캐럴은 자녀들이 금전적 행동의 절차와 이유를 이해하도록 하는 것이 중요하다고 생각한다. 자녀들이 부모의 금전적 선택의 이유와 방법을 보았을 때 금전에 대한 부모와 자녀 간의 갈등은 대부분 사라지게 된다. 공정함 또한 중요하다. 자녀들은 부모가 스스로에게 '안 돼' 하는 모습을 보았을 때 자신들도 스스로에 대한 대답으로 '안 돼'를 훨씬 더 잘 수용할 수 있게 된다.

빌은 자신과 아내가 자녀에게 금전에 대해 가르친 방식에 대해 다음과 같이 요약한다. "그들(자녀)에게 당신이 하는 행동과 그 이유를 보여주세요. 그리고 나서 그들이 결정하도록 하세요."

다시 시작하기에 늦는 때는 결코 없다

당신의 자녀에게 긍정적 영향을 미치기에 늦은 때는 결코 없다. 당신이 만드는 긍정적인 변화는 자녀들을, 그들이 미성년이든 어른이든 상관없이 더 나아지도록 만든다. 자녀들은 본보기를 통해 배우며, 어른이 되어서도 당신을 통해 계속 배운다. 당신이 금전과의 관계를 개선함에 따라 당신은 그들(자녀)이 재정적 지식을 쌓고, 역기능적인 머니스크립트에 대항하며, 건강한 재정적 행동을 배울 수 있도록 도움을 주게 될 것이다.

위의 스토우 씨 가족과 달리 만약 당신이 돈문제와 관련하여 자녀(아직 어리든 성인이든 간에)에게 잘못하고 있다는 것을 깨달았다면, 아래의 몇 가지 팁을 보기 바란다. 이는 그동안 우리가 상담한 고객들에게 도움이 되었던 내용이다.

1. 당신이 용감한 편이라면, 자녀와 마주 앉아서 직접 "그동안 당신이 금전과 관련해서 당신 자신이나 자녀에게 도움이 되지 않는 잘못된 점이 있었으나 앞으로는 고칠 것"이라고 얘기하라.

2. 만약 그만큼 용감하지 않다면, 그동안 해왔던 잘못된 방식으로 행동할 때마다 위와 같은 말을 자녀에게 하라. 당신이 과거의 행동이 잘못되었다는 것을 깨닫게 되었고, 이제는 같은 실수를 반복하기를 원치 않고 있다는 것을 자녀가 알게 하라. 자녀들을 비난하지 말고 그동안 당신이 잘못되었었다는 것을 인정하라.

3. 당신의 생각이 어떻게 변했는지 그리고 앞으로는 어떻게 달라질 것인지를 이야기하라.

4. 자녀들이 당신의 새로운 행동방식에 대해 저항할 수 있음에 대비하라. 당신을 이해하는 다른 사람의 지원을 받으라. 아마도 당신은 과거의 방식대로 되돌아가라는 강한 압력을 받게 될 것이다. 만약 당신이 이미 고착된 바람직하지 않은 금전 관련 행동 패턴을 가지고 있다면, 재무상담사나 재무코치 또는 재무치료사에게 도움을 구하는 것도 좋은 방법이다. 당신이 '안 돼'라고 말하는 것을 잘 못한다면, 때로는 재무설계사가 대신 그렇게 하도록 할 수 있다.

당신에게 그동안 잘못된 점이 있었고 지금까지의 행동을 바꾸려 한다는 것을 자녀가 알게 될 때 당신은 자녀에게 중요한 교훈을 가르치고 있는 것이다. 즉, 실수를 하는 것은 잘못된 것이 아니며, 다만 그 실수를 인정하고 필요한 대로 그런 행동을 고치려고 하는 것이 책임 있는 어른이 하는 행동이라는 것이다.

루시의 엄마는 네 살 된 루시가 캔디 먹는 것을 좋아하지 않았다. 이것을 알면서도 루시의 할머니는 루시 집을 방문할 때마다 캔디 한 봉지를 엄마 몰래 사주고는 캔디를 집 안 여기저기에 숨겨놓곤 했다. 이는 루시와 할머니 간의 일종의 작은 '캔디놀이'였으며, 여기서 규칙은 엄마가 그것을 알아내지 못하도록 하는 것이었다. 할머니는 이를 단지 손녀와 할머니 간의 순진한 사랑스러운 놀이로 생각했다.

그런데 어느 날 할머니는 친구와 성실에 대해 얘기하며 그것이 자기에게 얼마나 중요한지를 말하면서 문득 자신이 손녀인 루시에게는 성실을 행하지 않고 있음을 깨닫게 되었다. 그녀는 네 살짜리 손녀에게 엄마에게 거짓말하며 속이는 것을 가르치고 있다는 것을 깨달았다.

그다음 할머니가 루시 집을 방문했을 때 루시는 예나 다름없이 할머니에게 다가와 "우리 또 캔디놀이 하나요, 할머니?" 하고 귓속말로 속삭였다.

할머니는 "아가야, 우리가 엄마에게 비밀을 갖는 것은 옳지 않단다. 그동안 할머니가 우리 아가와 비밀놀이를 한 것에 대해 미안하게 생각해요. 그건 좋은 게임이 아니에요. 그래서 이제 앞으로는 그런 게임을 하지 않을 거예요."

이때 루시의 응답은 "휴우, 할머니! 그 놀이 때문에 정말 떨렸어요. 이제 안 해도 된다니 좋아요." 하는 것이었다.

데이빗(David)과 멜라니(Melanie)는 수십 년 동안 4명의 성인 자녀를 재정적으로 지원해 왔다. 그들은 자녀들에게 집을 사주었고, 손자녀들의 학비 및 과외 활동비를 대신 내주었으며, 전기요금도 내주고, 세금도 내주고, 연체된 부채도 갚아주었다. 이러한 재정적 씀씀이는 이제 그들 자신의 은퇴 생활을 위협하고 있다.

결국 재무설계사가 주선하여 그들은 재무치료사의 도움을 구했다. 치료사는 그 부부가 자녀들을 키울 때에 자기들이 생각했던 만큼의 좋은 부모가 되지 못했던 것에 대한 무의식적인 죄책감을 가지고 있다는 것을 알았고 그들로 하여금 그것을 극복하도록 도왔다. 재무설계사는 부부가 과거에 자신들이 저지른 실수를 보상하려는 마음으로 자녀들에게 금전적으로 퍼주고 있다는 것을 그들이 이해하도록 했다. 몇 달에 걸친 재무치료사와의 상담 후, 데이빗과 멜라니는 가족회의를 열었다. 그들은 자식들에게 도움이 되고자 하는 의도로 지금까지 했던 행위들이 실제로는 파괴적일 수 있음을 알게 되었다고 말했다. 그러면서 그들은 앞으로 6개월에 걸쳐 자식들에 대한 재정지원을 줄여 나갈 것이며 1년 이내에는 모든 지원을 끊을 것임을 선언했다.

예상할 수 있듯이 힘든 과정이 계속되었다. 가족회의는 혼란과 눈물, 큰 소란으로 변해 버렸다. 어려웠지만 데이빗과 멜라니는 그들의 새로운 입장을 계속 견지했다. 그들은 몇 차례의 가족회의를 열고 전문가의 도움을 받으면서 가족들 각자가 새로운 조건에 적응해 나갈 것을 제안했다. 내켜 하지는 않았지만, 자녀들은 그 제안에 참여하기로 했다.

그다음 해는 가족 모두에게 대립과 긴장의 어려운 시간이었다. 그러나 결국 건강한 재정행동으로 변신하기 위한 데이빗과 멜라니의 확고한 신념은 점차 열매를 맺기 시작했다. 자녀들도 스스로에 대해 재정적 책임을 지게 되면서 자신들의 능력을 신뢰하게 되었고 그들 자신의 자급자족에 대해 자부심을 갖게 되었다. 더 나아가, 부모의 재정적 도움으로 인한 해로운 영향을 자각하게 되면서, 이제는 자녀들의 행동에도 변화가 일기 시작했다. 결국 균형 잡힌 금전관념 및 행동으로의 변화가 건전한 가족 관계를 만들었다.

╾ 돈에 대한 사고방식 바꾸기 : 자녀에게 건강한 금전 행위 가르치기 ╼

당신이 자녀에게 직접 또는 당신의 행동을 통해 가르치는 금전 관련 메시지는 무엇인가? 어떤 메시지가 건전하지 못했을까? 자녀들이 어떤 식으로 변화하기를 바라는가? 무엇이든 어떤 것을 시작하기에 너무 늦은 때는 없다는 것을 기억하라. 모든 것을 한꺼번에 바꿀 필요는 없다. 조금씩 작은 것부터 변화하다 보면 결국 큰 변화를 만들게 된다. 금전과 관련한 좋지 못한 행동을 바꾸려고 하는 것은, 특히 그것이 다른 사람과 연관된 경우 쉽지 않다. 그렇지만 불가능하지는 않으며, 그에 필요한 노력을 할 충분한 가치가 있다. 돈과 관련하여 건강한 관계를 만들어 내는 것은 당신 자신의 인생뿐만 아니라 당신의 자녀 그리고 손자녀의 인생에까지 지대한 영향을 준다.

11

금전 인식을 바꾸면
자신이 원하는 인생을 만들 수 있다

◆

Wired

for

Wealth

◆

제11장

금전 인식을 바꾸면
자신이 원하는 인생을 만들 수 있다

잘 알게 되면 더 잘할 수 있다. 우리는 여러분이 이
책을 읽으면서, 그리고 이 책을 읽으면서 하게 되는 여러 연습을 통해,
당신의 고민되는 행동들을 바꾸는 데 도움이 되는 정보나 방법을 익혔
기를 바란다.

이 책에서 소개한 과정들은 정말로 잘 활용될 수 있다. 우리는 우리
스스로뿐만 아니라 우리의 고객들을 통해, 그리고 우리가 한 연구들을
통해 이를 검증해 왔다. 우리는 예외적인 경우가 있다는 것을 믿지 않는
다. 당신의 경우도 머니스크립트를 바꿈으로써 재정적 삶을 변화시킨 다
른 사람들과 크게 다르지 않다. 오늘부터 시작하여 앞으로 당신은 당신
의 다른 삶을 만들어 낼 수 있다는 사실에 자신과 용기를 가졌으면 한다.

그런 변화된 삶을 만드는 데는 용기가 필요하다. 물론 당신이 이러한
새로운 원칙들을 생활에 적용하는 데는 지식이 필요하지만, 우리가 생
각하기에는 지식보다는 용기가 더 필요하다. 왜냐하면 변화는 노력을
필요로 하기 때문이다. 대개 변화가 즉각적으로 오지는 않는다. 지속적
으로 변화하는 데는 시간과 노력과 헌신을 필요로 한다. 당신이 당신의

변화를 행동으로 옮긴다는 것은 당신 가족이나 친구가 그동안 해왔던 방식과는 다른 무언가를 한다는 것이다. 당신이 당신의 재무 컴포트 존을 넘어서기를 시도할 때, 주변 사람들은 당신의 새로운 행동에 대해 불편함을 느끼게 될 것이다. 당신을 부유하게 만들 새로운 사고와 삶의 길을 개척하는 데는 인내와 용기가 필요하다.

당신이 지금까지 배운 것을 행동으로 옮기는 데 우리는 다음의 7단계를 제시한다. 이를 통해 당신은 보다 수월하게 새로운 삶으로 변화시킬 수 있을 것이다.

변화된 금전 인식을 행동으로 옮기는 7단계

자신이 원하는 것을 가질 수 있다고 믿어라. 당신은 당신이 원하는 것보다 상상 이상으로 훨씬 더 많이 가질 수 있다. 기억나겠지만 우리는 연구를 통해 부자인 사람들은 스스로가 돈을 가질 가치가 있다고 믿고 있었다. 목표를 달성하며 사는 사람과 불운하다고 느끼며 사는 사람의 가장 중요한 차이는 애초에 그들이 원하는 것을 얻을 수 있을 것인가에 대한 믿음의 정도에 있다. 높은 성취가들은 그들이 목표를 달성하거나 또는 그것을 초과 달성할 수 있다는 것에 온전히 확신에 차 있다. 낮은 성취가들은 그들이 할 수 없을 수도 있다며 반신반의하며, 첫 단계라 할 수 있는 목표 정하기조차 피하는 경우가 많다. 당신의 사고는 당신의 현실을 규정하고 또 강화하기 때문에 위의 두 가지 방향의 사고는 결국 예상된 결과를 낳게 된다. 이것이야말로 성취에 대한 진짜 장애물이다. 우리는 당신이 목표를 달성할 수 있는 세상에서 살고자 마음먹도록 하려 한다.

당신이 원하는 것을 가질 수 있다고 믿으려면, 우선 당신이 정말로 원하는 것이 무엇인지를 알아야 한다. 우리는 그동안 표면적으로 나타나는 것들의 이면에 숨어 있는 핵심적인 필요와 욕구를 찾아내도록 하는 몇 가지 연습을 한 바 있다. 여러분이 만약 빨간색 벤츠를 갖고 싶다고 말한다면, 그 이면의 욕구는 실제로는 삶에 보다 큰 재미를 갖고자 하는 것이다. 만약 여러분이 런던에 아파트를 갖기를 원한다면 실제로 당신이 원하고 있는 것은 보다 지적인 자극과 도전을 갈구하고 있는 것이다. 첫째 당신이 정말로 원하는 것이 무엇인지를 아는 것으로부터 시작하라. 당신이 바라고 있는 것을 이미 어느 정도 가지고 있는지도 모르니 말이다.

바라는 것보다 더 크게 성취할 수 있으니 꿈을 크게 가져라. 많은 사람들은 당신이 '합리적인' 또는 '현실적인' 목표를 세우라고 말한다. 이는 아마도 당신이 그 목표를 달성하지 못했을 때 상처를 받거나 실망하는 것을 원치 않기 때문일 것이다. 그러나 우리는 높은 목표를 세우도록 권유한다. 가장 높은 성취자들이 가능성의 한계에 도전함으로써 그렇게 성취할 수 있었을진대, 당신 스스로 또는 친구가 합리적이라고 생각하는 정도만을 생각할 필요가 있는가? 역사에 가장 주목받는 사람들은 '불가능한' 목표를 열정적으로 가슴에 품은 사람들이었으며, 그 나머지는 그저 자신들의 현실에 적응하는 사람들이었다. 합리적이고 현실적인 목표는 당신이 더 큰 꿈을 성취하기 위하여 앞으로 나아가는 행동 절차로 남겨두길 바란다.

에리카(Erika)는 그녀의 고향인 중서부의 작은 도시에서 치과 클리닉을 차리는 꿈을 가지고 있었다. 에리카는 너무 어렸고, 무엇보다도 치과의사가 아니었다. 대학 졸업 후 에리카는 돈 잘 버는 직장에서 일하고 있었지만 그 직업을 즐기지는 않았다. 그녀는 3년 동안 그녀가 할 수 있는 최대 액수를 저축했고 나머지는 학자금 융자를 받아 치과대학에 등록했다. 대학 졸업 후 그녀는 그녀가 살고 있는 도시에 있는 치과 클리닉에서 일하게 되었다. 그녀의 꿈을 거의 이루는 데까지 갔지만 그러나 아직은 아니었다.

그녀가 고향으로 이사하면서 1년 이내에 정말 놀라운 기회가 찾아왔다. 오랜 경력을 가진 치과의사가 은퇴하면서 치과를 팔고자 했기 때문이다. 에리카는 재무설계사를 고용해 그 거래를 분석해 보도록 했다. 설계사는 그 병원이 아주 좋은 기회임을 에리카에게 확신시켰고 관련한 대출을 전문으로 하는 금융회사를 찾아보도록 조력했다. 그녀는 치과 개원뿐만 아니라 그 병원이 세 들어 있는 빌딩의 전체 매매 비용의 99%를 대출받을 수 있었다. 현재 에리카는 그녀의 고향에 꿈꿔 왔던 치과를 소유하고 있다. 그녀는 지금 31세이다.

목표에 대한 열정 테스트. 만약 당신이 목표에 대해 100% 열정적으로 염원하고 있는 것이 아니라면, 그것이 정말로 당신의 목표인지 아닌지를 평가할 시간을 갖도록 하라. 만약 당신이 약간의 주저함이라도 있다면, 아마도 그것은 당신이 정말로 원하는 것이 아니거나 또는 당신에 대한 다른 사람의 목표일 수 있다. 우리는 이를 '해야만 하는 목표'라 부르는데, 이는 진짜 목표와는 매우 다르다. 진짜 목표는 우리를 열정과 에너지로 채우고, 우리에게 영감을 주며, 잠을 자기에도 너무 흥분되어 밤에도 깨어 있게 만든다. 만약 당신이 당신의 목표에 대해 이같이 느끼지 않는다면, 그것을 포기하는 것도 생각해 보라. 스스로에 대해 진짜로 대하고 나서야, 당신은 자신의 진정한 열정을 찾아내어 깨어날 수 있다.

콜린(Colin)의 할아버지는 의사였고, 아버지도 의사였으며, 누나는 간호사, 형은 카운슬러이다. 콜린을 포함하여 가족 모두는, 콜린 역시도 가족업 같은 보건 관련 일에 종사할 것으로 생각하고 있었다. 대학 생활 동안 콜린은 응급 기술사 및 앰블런스 운전사로 아르바이트를 하였다. 다른 사람을 도울 수 있다는 것이 기쁘기도 했지만, 콜린은 응급전화나 앰블런스 주행 같은 급박한 상황을 즐겼다. 직업에 대한 콜린의 이러한 성향은 응급실 전문의사가 되고자 하는 그의 결심을 더 강화시켰다.

그런데 콜린은 화학에서 낙제점을 받았다. 그것도 세 번이나! 그는 그 수업을 싫어했는데 아무리 집중해도 이해할 수가 없었다. 그 자신과 의사가 되고자 하는 그의 목표 사이에 있는 많은 과학 과목들을 볼 때, 콜린은 머리가 아파왔다. 용기를 잃고 의기소침하며 온 가족을 실망시키고 있다는 기분에 휩싸여 콜린은 학교를 완전히 그만두고자 마음먹고 있었다.

다행히 그는 그의 진정한 열정을 찾을 수 있도록 도울 수 있는 훈련과 지혜를 겸비한 취업상담사와 얘기할 기회가 생겼다. 사람을 돕는 것이 콜린에게 매우 중요한 일이었지만 그것이 의학을 통해서만 가능한 것은 아니었다. 의사가 되기 위해 필요한 장기간의 교육과 세부 내용에 대한 힘겨운 주의력은 그에게 전혀 맞지 않았다. 그가 정말로 좋아한 것은 위기 상황에서 사람을 돕는 드라마 같은 흥분이었다. 결국 콜린은 대학을 그만두고 전문학교의 소방사 양성 프로그램에 등록하였다. 이러한 그의 소망을 가족에게 설명하는 데는 용기가 필요하였으며, 가족들이 그의 선택을 수긍하는 데에도 시간이 걸렸다. 그러나 자신이 선택한 분야에 대한 콜린의 열정은 결국 가족을 이겼고, 소방사로서 15년을 지낸 지금 그는 아직도 자신의 직업을 좋아하고 있다.

자신의 목표를 적어 보라. 당신의 목표를 종이에 적어 보는 것은, 설령 당신이 그것을 다시 보지 않는다 하더라도, 굉장한 힘을 발휘한다. 그렇게 함으로써 당신은 명료함과 비전을 가질 수 있다. 이는 생각을 현실화하는 중요한 과정이며, 목표 설정 절차에 힘을 부여하는 영감을 준다.

새해 첫날에 제임스는 긴 목록의 목표를 적은 적이 있다. 몇 년이 지난 어느 날 제임스는 이사 갈 준비를 하느라 집 안의 서류를 정리하고 있었다. 그러던 중 적은 것조차 까마득히 잊고 있었던 그의 목표 목록을 발견하였다. 읽어 내려가던 제임스는 스스로 감격과 감사의 눈물이 흘러나오고 있음을 느꼈다. 목록에 적어 놓았던 거의 모든 목표가 이미 달성되어 있었던 것이었다. 이런 것이야말로 바로 목표를 적어 놓는 힘인 것이다.

우리는 당신이 목표를 세우고 적어도 1년에 한 번씩은 이를 다시 검토해 보기를 권한다. 만약 당신이 자신의 진짜 목표를 알아내는 데 도움이 필요하거나, 또는 진짜 목표와 '해야만 하는 목표'를 구별하는 데 도움이 더 필요하다면 우리가 전에 출판한 적이 있는 저서 *The Financial Wisdom of Ebenezer Scrooge*에 정리되어 있는 절차를 보기 바란다.

목표를 성취하는 과정 중에 있는 자기 자신을 상상하라. 우리가 여기서 '과정 중에 있는'이라고 말한 것에 주목하라. 목표의 성취 과정을 마음속에 그리는 것과 목표 성취의 결과를 그리는 것은 아주 다르다. 캘리포니아대학교의 리엔 팸(Lien Pham)과 셸리 테일러(Shelley Taylor)는 이 둘의 차이점에 대해 연구했는데 놀라운 결과를 알아냈다. 그들의 연구에 의하면, 자신의 목표를 성취하기 위해 가는 단계를 마음속에 그리는 사람들이, 성취된 결과를 그리는 사람보다 실제로 목표를 더 달성한다는 것이다. 사람들이 (목표의 달성) 결과에만 집중하느니 아예 아무것도 상상하지 않는 것이 차라리 낫다는 것도 알아냈다.

목표를 성취하는 과정을 마음속에 상상하는 것이 중요하다는 것은 매우 이치에 맞는 얘기다. 예를 들어, 만약 당신이 테니스 선수고, 당신의 목표가 지역선수권대회에서 우승하는 것이라 해보자. 당신이 뛰어난 발놀림을 하며, 훌륭히 공격하고 수비하며 받아내는 본인의 모습을 상상하는 것은 당신의 뇌를 자극하여 실제로 이런 행동들을 연습하도록 할 것이다. 연구에 의하면 그러한 상상이 적절히 이루어질 때 두뇌는 실제로 그런 행동을 하는 것과 연습하는 것을 구별하지 못한다고 한다. 결과적으로 상상의 과정은 행동을 취할 능력을 배가시키게 된다. 그러나 만약 당신이 많은 시간을 우승 트로피를 받고 당신이 이겼다고 환호하는 군중과 그때 느낄 기쁨을 상상한다면, 이는 당신이 목표를 준비하는 데 별 도움이 되지 않는다. 이는 어쩌면 당신을 자만하게 함으로써 오히려 해가 될 수도 있다.

그러므로 상상을 할 때는 당신이 목표를 달성하는 과정에 있는 행동을 수행하는 모습을 그려야 한다. 눈을 감아 보라. 지금 당신은 무엇을 보고 있는가? 당신은 어디에 있는가? 당신은 지금 무엇을 하고 있는가? 누가 당신과 함께 있는가? 지금 어떻게 느끼는가? 그것을 쭉 들이마셔라. 매일 몇 분씩 시간을 내 당신이 목표를 성취하기 위해 행하는 과정을 상상하고, 그것이 당신의 마음에서 살아 움직이게 하라.

브라이언(Brian)과 드앤(DeAnn)은 결혼 생활 20년 동안 몇 번이나 은퇴 준비를 위해 뭔가를 해야 한다고 얘기하곤 했었다. 그러나 그들은 아무것도 안 하면서 긴 시간을 보냈다. 때때로 브라이언은 드앤에게 그와 함께 재무설계사에게 함께 가서 상의해 보자고 했지만 그러지 못했다. 또 때로는 드앤이 브라이언에게 함께 가자고 했지만 가본 적은 없다. 결국 아무런 일도 하지 않았다.

수일 내에 그들은 필요한 모든 정보를 수집했다. 그리고 그 후 7년에 걸쳐 할 수 있는 모든 돈을 저축하고 투자했다. 자신들의 목표에 근접하게 되면서 그들은 재미도 더해지고 동기도 증가되었다. 은퇴한 지금 그들은 꿈을 실현한 삶을 살고 있다. 이렇듯 자신의 비전을 움켜잡아 그를 향하여 앞으로 나아가게 하는 단순하지만 강력한 행동은 그들로 하여금 지금까지 그들 가족 중에서는 누구도 해본 적이 없는 방식으로 삶을 살도록 만들었다.

큰 목표로 가는 작은 단계들을 만들되, 그 큰 목표는 항상 마음에 간직하라. 연구에 따르면 큰 목표에 수반되는 작은 목표들과 단계적인 행동들에 너무 집중하면 원래의 큰 목표를 이루는 데 필요한 집중력을 떨어뜨릴 수 있다. 이는 단계적 행동들은 궁극적 목적보다는 덜 흥미롭기 때문이다. 당신도 에리카처럼 치과의사가 되고자 하는 목표가 있을 수 있다. 그러나 그 목표에 대한 열정이 가득 차 있더라도, 치과대학에 지원서를 작성하고 지원 마감일을 지키는 것이 바로 당신이 꿈꾸는 바는 아닐 것이다. 하지만 이는 당신이 큰 목표를 이루기 위해 나아가는 필요한 단계이다. 또한 목표를 이루는 과정에서 소소한 성취에 대해 지나치게 기뻐한다면, 그 이상 계속해서 전진하기 위한 동기가 약해질 수 있다. 목표를 성취하고 있는 과정 중에 있는 자신을 반복적으로 상상한다면, 그 목표를 향해 가는 과정 속에서도 당신의 궁극적인 목표를 항상 간직할 수 있을 것이다.

당신의 목표를 지지할 사람을 찾아라. '목표친구'를 사귀어라. 그리고 서로의 목표를 공유하라. 매주 목표를 향해 전진할 구체적인 행동 단계를 만들고, 서로에게 각각의 진전에 대해 보고하도록 하라. 만약 당신의 목표친구가 당신의 목표가 현실적이지 않다거나 이루어지기 어렵다고 생각한다면, 다른 새로운 목표친구를 찾아라.

당신 주변에 당신의 목표를 지원할 팀이 있게 하라. 여기에는 재무관리 멘토나 재무설계사, 재무치료사, 투자상담사, 재무코치, 회계사, 변호사, 은행가, 회계사, 보험중개사 등이 있을 수 있다. 당신은 이들 전문가들 모두는 아니더라도 이 중 몇몇의 도움을 필요로 할 것이다.

이러한 7단계 원칙을 실행에 옮김으로써 당신은 스스로의 열정을 발휘하며 이전에는 전혀 인식하지도 못했던 가능성의 문을 열 수 있을 것이다. 이 변화는 하루아침에 일어나지 않는다. 하지만 당신이 바뀌고자 마음먹는다면, 당신이 항상 꿈꿔 왔던 풍족하고 성취하는 삶을 이렇게도 빨리 만들 수 있었다는 사실에 가히 놀라게 될 것이다!

지은이

저자들은 심리치료와 재무설계를 결합한 선구자들로 일컬어진다. 월스트리트저널, 뉴욕타임스, 워싱턴포스터, USA 투데이, 굿모닝 아메리카 등에 소개된 바 있다.

Brad Klontz는 심리학 박사이자 심리치료사, 칼럼니스트이자 Klontz Coaching & Consulting(www.klontzcoaching.com)의 CEO 이다.

Ted Klontz는 Klontz Coaching & Consulting(www.klontz coaching.com)의 대표이며, 유명 강사이자 워크숍 리더이다.

Rick Kahler는 국제공인재무설계사, Kahler Financial Group (www. KahlerFinancial.com)의 대표이며 칼럼니스트이자 강사 이다.

옮긴이

양세정

상명대학교 소비자주거학과 교수
미국일리노이대학교 박사(소비자학)
한국FP학회장

주인숙

두원공과대학교 초빙교수
고려대학교 박사(소비자경제)
한국다국적의약산업협회 상무 역임

이은화

상명대학교 박사(소비자학)